為推進建設中國特色社會主義事業引法制度作出新貢獻

二〇〇九年八月 王勝俊

中国少年司法

2023 年第 1 辑　（总第 55 辑）

杨万明　主编
最高人民法院少年法庭工作办公室　编

人民法院出版社

图书在版编目（CIP）数据

中国少年司法. 总第55辑 / 杨万明主编；最高人民法院少年法庭工作办公室编. -- 北京：人民法院出版社，2024. 9. -- ISBN 978-7-5109-4213-6

Ⅰ. D926.84

中国国家版本馆CIP数据核字第20246AK193号

中国少年司法　2023年第1辑（总第55辑）
杨万明　主编
最高人民法院少年法庭工作办公室　编

责任编辑	杨晓燕
出版发行	人民法院出版社
地　　址	北京市东城区东交民巷27号（100745）
电　　话	（010）67550508（责任编辑）　67550558（发行部查询） 　　　　　65223677（读者服务部）
客服QQ	2092078039
网　　址	http://www.courtbook.com.cn
E－mail	courtpress@sohu.com
印　　刷	三河市国英印务有限公司
经　　销	新华书店

开　本	787毫米×1092毫米　1/16
字　数	140千字
印　张	10.5
版　次	2024年9月第1版　2024年9月第1次印刷
书　号	ISBN 978-7-5109-4213-6
定　价	68.00元

版权所有　侵权必究

《中国少年司法》
编辑委员会

主　　任　杨万明　沈　亮

副 主 任　段农根　何　莉　陈宜芳

委　　员　孙玲玲（北京）　程庆颐（天津）　徐茂明（河北）

　　　　　　杨　宏（山西）　那　澜（内蒙古）　牛克乾（辽宁）

　　　　　　姜富权（吉林）　靳　岩（黑龙江）　黄祥青（上海）

　　　　　　毕晓红（江苏）　周招社（浙江）　张　兵（安徽）

　　　　　　黄石勇（福建）　居国屏（江西）　傅国庆（山东）

　　　　　　陈连东（河南）　姚智明（湖北）　杨　翔（湖南）

　　　　　　洪适权（广东）　周　腾（广西）　王　萍（海南）

　　　　　　孙海龙（重庆）　刘　楠（四川）　蒋　浩（贵州）

　　　　　　董国权（云南）　郭建海（西藏）　焦玉珍（陕西）

　　　　　　贾靖平（甘肃）　魏文超（青海）　李　帆（宁夏）

　　　　　　周志豪（新疆）

执行编辑　岳　琳　江　媞

特约编辑　陈伟红（北京）　　吴纪奎（天津）　　马胜泉（河北）
　　　　　　　李　智（山西）　　郭云楼（内蒙古）　宋晓枫（辽宁）
　　　　　　　齐东妍（吉林）　　初　泽（黑龙江）　孟　猛（上海）
　　　　　　　王　蔚（江苏）　　郑晓红（浙江）　　王　帅（安徽）
　　　　　　　胡立峰（福建）　　汤媛媛（江西）　　罗　莹（山东）
　　　　　　　杜燕萍（河南）　　张云燕（湖北）　　尹玄海（湖南）
　　　　　　　莫君早（广东）　　纪　娜（广西）　　盖　曼（海南）
　　　　　　　高　翔（重庆）　　刘丽君（四川）　　赵　君（贵州）
　　　　　　　杨晓娅（云南）　　牟　强（西藏）　　闫　涛（陕西）
　　　　　　　袁亚伟（甘肃）　　佟松树（青海）　　张晓霞（宁夏）
　　　　　　　张晓彤（新疆）

目 录

【领导讲话】

未成年人犯罪呈低龄化　坚持宽容不纵容
　　——最高人民法院副院长杨万明就未成年人犯罪问题
　　接受专访 ………………………………………………………（ 1 ）

【理论研究】

浅析性侵害案件未成年被害人的保护
　　——以《刑法修正案（十一）》为切入点
　　……………………………………………… 杨　瑞　郭　涛（ 8 ）
对未成年被告人进行法庭教育的必要性研究 ……… 焦　阳（17）
乡村校园周边安全问题原因探析及防范对策
　　——以 J 市两级法院 110 起乡村校园周边安全案件为
　　分析样本 ……………………………… 李艳敏　周学君（24）
贵州省黔南布依族苗族自治州未成年人司法保护
　　运行机制研究 ………………………………… 蒙丽华（37）

【改革探索】

检视与探析：新时期少年审判机构的设置与完善
　　……………………………………………… 王慧勤　张汉元（53）

关于我国未成年人审判制度的几点思考
　　——少年审判工作的法律规范、工作重点及制度建设
　　··· 杨　颖（60）
关于新时期少年法庭专业化建设的思考
　　——以L法院司法实践为样本
　　··· 安徽省合肥市庐江县人民法院（69）
人民法院关于涉罪未成年人帮教制度的实践与探索
　　··· 孙　健（76）
未成年人犯罪新动向和延伸帮教新举措
　　··· 河南省安阳市汤阴县人民法院（84）
结合《刑法修正案（十一）》增设独立刑浅析猥亵儿童罪
　　司法认定及量刑若干问题 ············· 刘梦秋（96）
从被害人角度看未成年人校园暴力犯罪 ············· 罗　伟（105）

【规范性文件】

共青团中央等
　　关于印发《全国维护青少年权益岗创建管理办法》的通知
　　　　（2023年1月17日）························（112）
教育部
　　关于推开教职员工准入查询工作的通知
　　　　（2023年4月14日）························（127）

【地方性文件及工作】

重庆市民政局　重庆市人民检察院
　　关于印发《重庆市民政系统密切接触未成年人岗位工作人员
　　　犯罪记录查询工作暂行办法》的通知
　　　　（2022年11月9日）························（131）

中共上海市教育卫生工作委员会　上海市教育委员会
关于进一步加强本市未成年人学校保护工作的若干意见
（2022 年 12 月 12 日）……………………………………（138）

【典型案例】

2022 年人民法院十大案件之涉未成年人案件 ……………（145）

【统计分析】

2022 年人民法院审理未成年人犯罪案件情况 ……………（150）

【领导讲话】

未成年人犯罪呈低龄化　坚持宽容不纵容
——最高人民法院副院长杨万明就未成年人犯罪问题接受专访

如何预防和惩治未成年人犯罪，社会各界一直高度关注。2023年全国两会期间，《南方都市报》专访全国政协委员、最高人民法院党组成员、副院长、最高人民法院少年法庭工作办公室主任杨万明，专门谈及未成年人犯罪问题。

问： 近期胡某宇案不仅让公众意识到青少年心理健康亟待更多关注，同时也让人反思家庭教育缺失的遗憾。2022年1月1日《家庭教育促进法》施行后让家庭教育不再局限于家庭之内，过去一年，最高人民法院如何介入家庭教育保护未成年人的身心健康？有何成效？

答： 家庭教育是教育的开端，关乎未成年人的成长发展，关乎家庭的幸福安宁，更关乎国家的发展和民族的进步。《家庭教育促进法》的施行开启了"依法带娃"的新时代。为切实学习宣传贯彻好这部法律，2021年12月，最高人民法院专门下发通知，从学习培训、案件审判、延伸职能、法治宣传四个方面提出明确要求，要求各级法院深刻认识立法意义，准确把握立法精神，确保法律有效实施。2022年1月6日，长沙市天心区人民法院发出全国第一份《家庭教育令》；3月，最高人民法院研究室负责人接受中央电视台《今日说法》栏目专访，全面解读这部法律出台的背景、重大意义和主要精神；5月，全国法院开展"少年审判，守护未来"法治系列活动，通过进社区、进家庭、进电视等多种形式对这部法律进行宣传。

一年多以来，全国各级人民法院全面准确理解适用《家庭教育促进法》，依法发出《家庭教育令》，单独或会同有关部门出台实施细则，建立了家庭教育指导工作站，适时开展家庭教育指导，积极探索专业化、规范化工作机制，成效显著。截至2022年年底，全国法院单独或联合相关部门出台贯彻落实文件447个，建立家庭教育工作指导机构837个；共计发出《家庭教育令》10308份，开展家庭教育指导38080次。

最高人民法院、全国妇联起草的《关于人民法院开展家庭教育指导工作的意见》①，旨在对规范人民法院开展家庭教育指导工作提供明确指引，确保法律统一、准确、有效实施。未来，人民法院将充分发挥审判职能作用，持续深入贯彻落实好《家庭教育促进法》，配合人民政府及其有关部门建立家庭教育工作联动机制，引导全社会注重家庭、家教、家风，增进家庭幸福与社会和谐；依托法院丰富的案件资源，围绕案件反映出的共性问题和治理难点，向有关部门提出司法建议，推动完善家庭教育的国家支持和社会协同；重点关注城乡接合部、困境儿童集中地区的家庭，关注留守未成年人、服刑人员等特殊家庭，积极协调相关部门为他们创造家庭教育条件，必要时及时给予司法救助。

问：从最高人民法院掌握的数据看，最新的未成年人犯罪呈现哪些趋势？有何特点？

答：近年来，全国法院每年判处的未成年罪犯人数，约占同期全部刑事罪犯的2%左右，呈现相对平稳、整体数量下降的趋势。2022年，人民法院共判处未成年罪犯27757人，同比下降19.81%。

从犯罪类型看，未成年人犯罪的案件类型相对比较集中，以侵犯财

---

① 《最高人民法院、全国妇联关于人民法院开展家庭教育指导工作的意见》于2023年5月29日发布。——编者注

产犯罪和暴力犯罪为主，主要集中在盗窃、抢劫、强奸、寻衅滋事、聚众斗殴等罪名，其中犯盗窃罪的案件比例最高。且从近几年的数据来看，未成年人犯强奸罪的数量有所上升。从犯罪年龄来看，未成年人犯罪呈低龄化趋势。16周岁以下的未成年人犯罪案件，在全部未成年人犯罪案件中的占比，近年来呈逐年上升趋势。从受教育程度看，未成年人罪犯的文化水平相对较低，初中及以下文化水平的未成年罪犯占全部未成年罪犯的80%以上。他们相当一部分人没有接受完成义务教育即辍学进入社会，普遍缺乏谋生技能，没有正当职业和稳定经济来源，在经济窘迫时极易走上犯罪道路。从作案形式看，未成年人共同作案、结伙作案的特征较为明显，约占未成年罪犯的30%左右。同时，受互联网、网络游戏中不良因素影响，部分未成年人犯罪呈现模仿特征，智能化、网络化趋势明显。从处刑结果看，人民法院认真贯彻"教育为主、惩罚为辅"的方针，对未成年人犯罪坚持宽容但不纵容，未成年罪犯中被判处五年以上徒刑等重刑的比例占10%左右，适用非监禁刑的占比在20%左右。

未成年人犯罪的原因是多方面的、复杂的。既有社会高速发展转型的原因，也有社会管理不完善的原因；既有家庭失管失教的原因，也有未成年人自身的原因。未成年人犯罪的总量虽然不大，但是社会各方面高度关切，影响面很大，牵动着每个家庭的神经，人民法院始终高度重视未成年人犯罪案件审判及犯罪预防工作。我国法律明确规定，对未成年人犯罪，应当坚持"教育、感化、挽救"方针，"教育为主、惩罚为辅"原则。因此，未成年人审判在理念、要求、方式等方面，均与成人司法存在很大差异，具有很强的专业性和特殊性。在办理未成年人犯罪案件过程中，人民法院始终坚持方针政策，尽最大努力，帮助未成年罪犯悔过自新，重回人生正轨。

一是加强教育感化挽救。在涉及未成年人案件的审理过程中，人民法院会根据案件情况及时开展社会调查、社会观护、心理疏导、法庭教育等工作，帮助未成年犯罪人深刻认识犯罪的原因和自身的过错，进而促进他们真诚悔改。在审判实践中，绝大多数未成年罪犯，经过教育矫治能够悔过自新、重返社会，成为遵纪守法的公民和社会的有用之才。

二是坚持宽容但不纵容。同样是未成年人犯罪，但犯罪的原因、性质、手段、后果、情节等也有不同，甚至是有很大差异的，因此，必须注意区别对待，体现宽严相济、宽容但不纵容的精神。对确因年幼无知或者一时失足犯罪的，尽量教育挽救；但对主观恶性深、手段残忍、屡教不改，该惩处的，也要依法惩处。惩处也是一种必要的、特殊的教育。

三是注重延伸帮教工作。未成年人审判的每一个案件，都关系着一个孩子未来的命运。未成年人犯罪案件的审判，不仅是作出一份公正的裁判文书，更重要的是挽救、保护未成年人的正常生活和健康成长。判后回访、跟踪帮教，是未成年人审判特有的延伸工作。法官在案件审结后，需要根据未成年人的具体情况，协调各方力量，继续做好教育矫治工作，预防未成年人再次犯罪。

四是积极参与综合治理工作。预防未成年人犯罪，是一项系统工程，需要全社会共同努力。人民法院在履行保护未成年人、预防未成年人犯罪职责过程中，高度重视与其他机关、社会组织的协作，重视动员全社会的力量，共同为未成年人健康成长营造良好环境，从源头上预防和减少未成年人犯罪的发生。

问：为惩治未成年人恶性犯罪，2020年《刑法修正案（十一）》调整了刑事责任年龄，不满14周岁的未成年人恶性犯罪是否有所变化？

答：近年来，低龄未成年人实施的杀人、伤害等恶性犯罪案件时有发生，引发社会舆论的高度关注。为回应社会关切，经反复研究论证，2020年年底出台的《刑法修正案（十一）》将刑事责任年龄进行了部分下调。在《刑法》第十七条中增加规定"已满十二周岁不满十四周岁的人，犯故意杀人、故意伤害罪，致人死亡或者以特别残忍手段致人重伤造成严重残疾，情节恶劣，经最高人民检察院核准追诉的，应当负刑事责任"。考虑到低龄未成年人实施重大恶性犯罪，属于个别、极端的现象，因此，刑法修正案对刑事责任年龄的下调设置了严格的条件和程序限制：一是罪名限制，仅限于犯故意杀人、故意伤害罪；二是结果和情节限制，仅限于致人死亡或者以特别残忍手段致人重伤造成严重残疾，情节恶劣的；三是程序限制，必须要经最高人民检察院核准追诉。只有同时符合这几个方面的限定条件，才能对已满12周岁不满14周岁这个年龄段的未成年人追究刑事责任。

从《刑法修正案（十一）》施行两年以来法院审理的案件情况看，已满12周岁不满14周岁的未成年人犯罪被追究刑事责任的案件，数量是极其少数的。低龄未成年人走上犯罪的道路，往往跟他们心智发育还不成熟、辨认和控制能力还不健全有关。人民法院对于12周岁至14周岁未成年人犯罪的案件，一方面，严格依照法律规定，坚持宽容但不纵容原则，该追究刑事责任的，坚决依法追究；另一方面，也坚持贯彻法律规定的"教育、感化、挽救"的方针，协同有关部门对未成年人进行教育矫治，督促有关家庭和家长依法履行监护责任，努力帮助未成年犯罪人改过自新，重新回归社会。

问：从官方发布的数据来看，未成年人犯罪呈现的低龄化趋势，涉电信网络犯罪上升较快，尤其是未成年人涉嫌帮助信息网络犯罪活动罪明显上升，原因何在？

答：互联网的快速发展给经济社会创造巨大动能、给人们生产生活带来极大便利的同时，也给国家和社会治理带来了新的问题。近年来，从人民法院审理的案件情况看，利用网络实施的违法犯罪行为呈现类型多元化、犯罪人和被害人低龄化、作案手法智能化等特点。针对未成年人，或者利用未成年人实施的网络犯罪案件有上升趋势。主要原因有以下几方面。

一是由于青少年心智发育尚不成熟，识别风险、自我保护的意识和能力相对薄弱。未成年人通过互联网可以接触到很多在书本、课堂上接触不到的信息，容易沉迷其中，受到各种网络不良信息的影响，成为网络违法犯罪的目标和对象。有的不法分子以网络聊天、网友见面、选拔童星等幌子，对未成年人实施强奸、猥亵、抢劫、敲诈勒索等犯罪行为；有的不法分子借助网络平台引诱未成年人吸毒、贩毒，组织、强迫、介绍未成年人卖淫；还有的通过网络聊天哄骗未成年人拍摄淫秽色情视频，并在网上传播，严重侵害了未成年人的合法权益。

二是家庭和学校没有履行好监护、教育的责任。有些家长自己也沉迷于网络，每天回家就当"低头族"，在孩子面前无法以身作则；有些家长和学校老师，在重视孩子学习成绩的同时，对于孩子使用手机、电脑上网，特别是使用网络游戏、网络交友软件的情况，没有给予足够的关注，对未成年人使用网络缺乏正确的引导，直到出现问题才后悔莫及。

三是互联网行业监管存在薄弱环节。互联网的存在，使得一些违法犯罪更加隐蔽。一些互联网企业没有切实履行网络安全管理的法律义务和社会责任，未设置浏览级别限制，一些充斥着低俗、虚假、色情、暴力等毒害元素的网络游戏、网络直播等在互联网上发布传播，严重毒化了社会风气；有的单位和个人转载不符合事实的新闻，泄露未成年人的个人信息等隐私内容，无形中沦为了网络违法犯罪的帮凶。

为加强互联网时代未成年人的网络权益保护，人民法院将重点做好以下工作：一是充分履行司法审判职能，依法严惩各类利用互联网侵害未成年人合法权益的违法犯罪行为。对遭受网络侵害的未成年人，及时给予隐私保护、心理疏导、司法救助和跟踪帮扶等工作；对一时失足参与网络违法犯罪的未成年人，切实贯彻好"教育、感化、挽救"方针。二是加强涉未成年人网络犯罪的调查研究和法治宣传工作。根据此类犯罪的特点和规律，有针对性地完善司法政策，提出加强网络治理的意见建议。落实普法责任制，结合网络犯罪案件办理深入开展富有实效的法治宣传教育工作。三是进一步加强与相关部门的协作配合,发现互联网等企业存在制度、管理漏洞的,及时提出司法建议。对办案中发现未成年人的家庭、学校没有履行监护、教育责任或者履责不力的,视情况进行指导、督促。为进一步净化网络环境,保护未成年人免受网络违法犯罪侵害提供强有力的司法保障。

【理论研究】

浅析性侵害案件未成年被害人的保护

——以《刑法修正案（十一）》为切入点

杨 瑞[*] 郭 涛[**]

未成年人遭受性侵害，是一个沉重却又不能回避的话题。世界卫生组织规定，未成年人性侵害是指未成年人卷入自己不能完全理解的性活动，或因不具备相关知识而同意的性活动，或因发育程度限制而无法知情同意的性活动，或破坏法律或社会禁忌的性活动。近年来，未成年人遭受性侵害案件屡有发生，群众反响强烈，引起社会的广泛关注。王某华猥亵儿童案、鲍某明涉嫌性侵养女案等案件披露后，从公众及媒体的反映可以看出，社会对猥亵、性侵等针对未成年人的性暴力事件关注度非常高。《刑法修正案（十一）》回应社会关切，及时对强奸、猥亵儿童及特殊职责人员性侵犯罪作出修改完善。保护未成年人免遭各种形式的性侵害仍然形势严峻，任重而道远，加大对此类犯罪的惩治力度以及加强对未成年被害人的保护已成为共识。

---

[*] 作者单位：河南省驻马店市中级人民法院。
[**] 作者单位：河南省信阳市中级人民法院。

一、性侵害未成年人案件的现状和特点

(一) 性侵害未成年人案件的现状

2020年6月1日,最高人民检察院发布《未成年人检察工作白皮书(2014—2019)》披露,侵害未成年人犯罪形势不容乐观,性侵害、暴力伤害未成年人等问题相对突出;2021年6月1日,最高人民检察院发布《未成年人检察工作白皮书(2020)》披露,涉及未成年人的性侵害案件虽然增幅放缓,但仍呈多发高发态势,重大恶性案件时有发生,2020年检察机关对侵害未成年人犯罪提起公诉人数前两位的为强奸罪15365人、猥亵儿童罪5880人。另据社会组织"女童保护"的统计,2019年全年媒体公开报道性侵未成年人案例301起,受害人数807人,年龄最小的仅4岁。

(二) 性侵害未成年人案件的特点

经对上述数据和案件分析发现,性侵害未成年人案件呈现以下特点:一是在成年人侵害未成年人人身权利的案件中,性侵害案件占比较高;二是未成年被害人中幼童占一定比例,14周岁以下的被害儿童占比较高;三是未成年被害人中女童占绝大多数;四是未成年被害人在小学和初中阶段受侵害比例最高;五是熟人作案多且隐秘性强,包括教职工、亲戚、邻居(同村人)、继父等;六是性侵者多次作案的比例高,持续时间长;七是案发距作案时的时间间隔较长,未成年被害人及家长要么选择不报案,要么很长时间后才报案;八是利用网络性侵未成年人的案件呈高发态势;九是校园、培训机构等是性侵未成年人案件高发场所;十是证据相对薄弱,性侵害案件未成年被害人特别是幼童的表达能力、认知程度有限,且易受他人诱导,加之犯罪嫌疑人多拒不认罪、痕迹物证缺乏,因而案件存疑不捕率相对较高。性侵害未成年人案件的以

上特点,给未成年被害人合法权益的有效维护带来了困难。

二、依法严惩强奸、猥亵等性侵害未成年人犯罪,加强对未成年被害人的刑法保护

严厉惩处严重损害未成年人身心健康的犯罪行为是我国法律的明确规定。让侵害者受到应有的法律制裁,是对未成年被害人最基本的抚慰,是对社会关切最有效的回应。2013年10月,最高人民法院、最高人民检察院、公安部、司法部联合发布的《关于依法惩治性侵害未成年人犯罪的意见》第二条明确规定,对于性侵害未成年人犯罪,应当依法从严惩治。2019年7月,最高人民法院发布4起依法严厉打击强奸、猥亵等性侵害未成年人犯罪的典型案例,相关负责人表示,性侵害犯罪严重损害未成年人身心健康,严重违背社会伦理道德,人民法院对此类犯罪历来坚持零容忍的立场,对犯罪性质、情节极其恶劣,后果极其严重的,坚决依法判处死刑,绝不姑息。2019年7月24日,人民法院对控制、奸淫多名幼女并强迫幼女卖淫牟利的罪犯何某执行死刑。2021年1月,最高人民法院发布《关于加强新时代未成年人审判工作的意见》,明确规定对未成人权益要坚持双向保护,既依法保障未成年被告人的权益,又要依法保护未成年被害人的权益,对各类侵害未成年人的违法犯罪要依法严惩;将强奸、猥亵等性侵未成年人犯罪案件纳入少年法庭审理,更有针对性地保护未成年人合法权益。发布会上相关负责人表示,人民法院将进一步采取切实有效的措施,依法严惩各类侵害未成年人的违法犯罪,全方位加强对未成年人的司法保护,防范和减少未成年人遭受犯罪侵害。

2021年3月1日施行的《刑法修正案(十一)》,更是充分回应了社会关切,对性侵害未成年人犯罪一律从严从重惩处,在刑法上为未成年被害人提供了更为广泛的保护。

（一）增加强奸罪中针对未成年人犯罪的加重处罚情形

《刑法》第二百三十六条（强奸罪）第三款第三项增加了"在公众场合……奸淫幼女"作为加重情节，增加了第五项"奸淫不满十周岁的幼女或者造成幼女伤害"的情形作为加重情节，即对在公众场合奸淫幼女以及奸淫不满10周岁的幼女或者造成幼女伤害等严重情形的，适用更重刑罚，处十年以上有期徒刑、无期徒刑或者死刑。

（二）对猥亵儿童罪，明确了加重处罚情形

猥亵儿童是以满足性刺激为目的实施的行为，比如，以抠摸、亲吻、搂抱等方式直接接触儿童身体，或者利用即时通信、通信群组、聊天室、短视频等网络平台、网络应用服务等方式，要求儿童展示身体或者敏感部位，或者以暴露、显示等方式向儿童展示其身体或者敏感部位等。近两年，各种针对幼女、儿童的猥亵犯罪，引发了社会强烈愤慨。特别是上海王某华案，引发重大网络舆情。《刑法修正案（十一）》参照《刑法》第二百三十六条第三款中具体列举强奸罪的加重处罚模式，明确了猥亵儿童罪的四种量刑加重情形，体现了对猥亵儿童罪的严厉处罚。比如，猥亵儿童多人或多次，以前是"从重处罚"，现在直接升格至五年以上有期徒刑；又如，造成儿童伤害的，之前该情形是否属于"其他恶劣情节"，存在模糊之处，王某华案引发广泛争议原因之一就是其行为是否可以认定为"其他恶劣情节"，《刑法修正案（十一）》明确此类情形属于法定刑升格的情形。

（三）增设负有照护职责人员性侵罪

《刑法修正案（十一）》增设了负有照护职责人员性侵罪，无疑及时回应了社会关切，对负有监护、收养、看护、教育、医疗等特殊职责人员，与未成年女性发生性关系的，明确了严格具体的刑事责任后果。

新增的《刑法》第二百三十六条之一规定对已满14周岁不满16周岁的女性负有特殊职责的人员，与该女性发生性关系的，不论该女性是否同意，均应承担刑事责任。已满14周岁不满16周岁的未成年女性尚处于生长发育过程中，其生活经验、社会阅历尚浅，对性的认知能力尚存欠缺，在面对特定关系人利用特殊职责等便利条件侵扰时，尚不具备完全的自我保护能力。这样规定主要是为了进一步保护未成年人的身心健康，因此，《刑法》明确禁止负有特殊职责的人员与已满14周岁不满16周岁的未成年女性发生性关系，即使是在该女性"同意"的情况下发生性关系的，也要追究行为人的刑事责任，避免某些"坏叔叔"心怀不轨利用特殊的教师、监护人、收养者的身份，将"黑手"伸向刚刚满14周岁的未成年人，这从根本上堵上了相关漏洞，让坏人逃脱责任、未成年受害人遭遇二次伤害。若已满14周岁不满16周岁的未成年人系被迫，那么该负有照护职责人员既构成负有照护职责人员性侵罪，也构成强奸罪，因强奸罪的刑罚更重，应当对该负有照护职责人员以强奸罪定罪处罚。

三、加强对性侵案件未成年被害人的全面保护和救助

未成年人遭受性侵害不仅会使其身体受到严重伤害，而且会使其精神遭受巨大痛苦，对其人格和心理发育的伤害无法估量，更会使其健康成长和一生的幸福生活蒙上沉重的阴影。加强对未成年被害人的保护，需要全社会的力量。司法机关在办案中要注意讲究方式和技巧，依法保护未成年被害人的名誉权、隐私权等合法权益，避免对其造成二次伤害。要支持未成年被害人提出的精神损害赔偿。要加强与民政、教育、卫生等相关部门及未成年人保护组织的联系和协作，共同做好未成年被害人的身体康复、心理疏导、经济救助、法律援助、司法救助等工作，对遭受性侵害或者暴力伤害的未成年被害人及其家庭，要及时采取必要的心理干预、转学安置等保护措施。同时，建立性侵害未成年人违法犯

罪信息库、入职查询制度及强制报告制度，积极稳妥开展从业禁止工作等。

(一) 持续推进"一站式"办案机制和工作模式

检察机关应加强与公安机关沟通，努力实现性侵害未成年人案件提前介入、询问被害人同步录音录像全覆盖，切实提高一次询问的比例，有效解决未成年被害人因多次询问、反复询问遭受"二次伤害"问题。检察机关、公安机关、妇联等部门积极推进集未成年被害人接受询问、生物样本提取、身体检查、心理疏导等于一体的"一站式"取证、救助机制建设和"一站式"办案场所建设。

(二) 支持未成年被害人获得精神损害赔偿

支持未成年被害人获得一定的精神损害赔偿，特别是有的长期受性侵的儿童患有严重精神疾病或者遭受严重精神创伤，更能体现对未成年人优先、特殊保护的原则。《最高人民法院关于适用〈中华人民共和国刑事诉讼法〉的解释》对刑事诉讼中的精神抚慰金的赔偿问题，并未规定一概不予以受理。在《最高人民法院关于适用〈中华人民共和国刑事诉讼法〉的解释》修正后，一些地方的司法机关开始探索支持被害人及其法定代理人提起精神损害赔偿诉讼。2021年上半年，上海市第二中级人民法院裁定维持了一起在刑事附带民事诉讼中支持精神损害赔偿请求的一审判决。该案中，被告人牛某某采取暴力手段，对智力残障的未成年人多次实施奸淫。被害人被性侵后，存在脾气暴躁、害怕与陌生人接触、不敢一人睡觉等情况，牛某某的多次奸淫严重影响了被害人的日常生活，对其造成了永久性伤害。被害人提起刑事附带民事诉讼，要求精神损害赔偿，法院最终判处牛某某有期徒刑十年，并向被害人一次性赔偿精神抚慰金3万元。

(三) 积极助推未成年被害人保护救助体系健全完善

探索多元化司法救助举措。对未成年被害人因性侵害犯罪而造成人身损害,不能及时获得有效赔偿,生活困难的,优先予以司法救助,进一步体现对未成年被害人的特殊经济救助。实现符合条件对象救助全覆盖,协同民政等相关部门重点加强对孤儿、农村留守儿童、困境儿童、单亲家庭儿童、离异家庭的儿童、事实无人抚养儿童及进城务工人员子女等特殊被害人群体的关爱救助,让他们感受到社会的阳光和温暖,保障、促进他们健康成长。主动协调职能部门,借助社会力量,提供身心康复、心理疏导与测评、生活安置、复学转学、法律支持等多元综合救助,帮助被害人及其家庭摆脱困境。

(四) 注重保护未成年被害人的隐私

侦查人员尽量不穿警服、不开警车到被害人的学校、社区进行取证。杜绝媒体过度渲染案情细节,避免报道时泄露未成年人隐私、造成二次伤害。对未成年人有保护和救助职能的团体和社会组织也应当严格遵守保密规定。对外公开的诉讼文书,不得披露未成年被害人的身份信息及可能推断出其身份信息的其他资料,对性侵害的事实注意以适当的方式叙述。人民法院在公布裁判文书前,必须确保被害人隐私不被泄露,应当对被害人姓名、住址、就学、工作场所等信息及可能推断出其真实身份的其他信息进行相应技术处理;进行技术处理后仍无法确保被害人隐私不被泄露,或者确有其他不宜公布的特殊情形的,就不应当公布裁判文书。

(五) 加强预防性侵害宣传教育

在学校开设预防性侵害教育课程,邀请法院、检察院干警进校担任法治副校长,建立专门的教育中心、教育基地,提升未成年人法律意识,提高未成年人预防侵害和自护的能力。借势电视台、广播、报纸等传统媒体开设专门栏目,运用微博、微信、抖音推送,制作集知识性、趣味性、实用性为一体的普法音像和读物等,开展各种形式宣传活动,提升预防性侵害宣传实效。

(六) 支持撤销、变更监护人资格

对于监护人性侵害案件,公安机关、检察机关应当及时告知相关权利人有权依法申请撤销监护人资格。民政部门应当设立未成年人救助保护机构,采取家庭寄养、自愿助养、机构代养或者委托政府指定的寄宿学校安置等方式,对未成年人进行临时照料。未成年人受到监护人性侵害,其他具有监护资格的人员和单位向法院提出申请,要求撤销监护人资格,另行指定监护人的,法院应当在刑事案件审结后,根据《民事诉讼法》所规定的特别程序审理撤销、变更监护资格诉讼请求。

(七) 积极稳妥开展从业禁止工作

对利用职业便利实施性侵害未成年人犯罪的,根据犯罪情节和预防再犯的需要,依法适用从业禁止。积极推动落实《教师法》关于"已经取得教师资格但受到剥夺政治权利或者故意犯罪受到有期徒刑以上刑罚的,丧失教师资格"的规定。建议对涉罪教职人员依法从严适用从业禁止,并针对司法实践中从业禁止适用率低、法律衔接适用不畅、制度落实不到位等问题,建议通过《刑法》与《教师法》衔接适用,将相关人员刑事判决书送达教育行政部门等途径,保证从业禁止制度的落实。

(八) 建立性侵害未成年人违法犯罪信息查询和强制报告制度

有关部门应加强对历年来各类性侵违法犯罪人员信息的梳理掌握,加强情报研判、重点人员管理和活动轨迹监控,对已经判决生效的性侵违法犯罪人员信息,向有关部门推送和提供查询服务。建立性侵害未成年人案件强制报告制度和违法犯罪信息库和入职查询制度,防止有性侵害未成年人违法犯罪前科人员从事与未成年人密切接触的工作。

四、结语

保护未成年人的身心健康,预防性侵害未成年人案件的发生,不仅要从严惩处强奸、猥亵、负有照护职责人员性侵等犯罪行为,加强对未成年被害人的刑法保护,还需要社会各界共同参与,构建一体化防治体系,做到全面保护和救助。

对未成年被告人进行法庭教育的必要性研究

焦 阳[*]

随着修订后《未成年人保护法》《预防未成年人犯罪法》的实施，全社会更加注重对未成年人合法权益的保障。未成年人违法犯罪人数呈上升趋势，犯罪手段不断向成人化、智能化发展，这不仅影响个人发展、家庭幸福，同时也将影响着一代人的健康成长。因此，增强对未成年人被告人的心理疏导、教育、后续跟踪回访以及帮扶教育等显得更加必要、紧迫。

一、未成年人犯罪的主要特点及其原因简析

（一）未成年人犯罪主要特点

一是电信诈骗被告人中未成年人增多。二是未成年人违法犯罪中团伙犯罪增多，如结伙抢劫、盗窃。三是暴力犯罪突出。未成年人由于年轻，可塑性、模仿性较强，犯罪时带有很大的盲目性。四是犯罪年龄下降。在未成年人被告人中，在校生犯罪占了相当比例，犯罪低龄化趋势日渐明显，初犯年龄越来越小。

---

[*] 作者单位：山西省清徐县人民法院。

（二）未成年人犯罪的原因简析

未成年人犯罪的主观原因是多方面的，从心理学角度分析，主要有以下五个方面：一是好奇心理。对外界事物充满了好奇，是未成年人的天性。但由于他们的社会阅历浅，判断是非的能力差，辨别良莠的能力弱，在缺乏良性诱导的情况下，容易随心所欲，误入歧途。二是逆反心理。未成年人正处于逆反心理强烈时期，家长的溺爱也会让孩子产生严重对立情绪。三是盲从心理。在某些共同犯罪中，一部分未成年人完全是在主犯的教唆、诱导、胁迫下，盲目地跟从，在不知不觉中涉足犯罪。四是攀比心理。受拜金主义、享乐主义等不良社会风气的影响，一些未成年人贪慕虚荣，讲究排场，好逸恶劳，这已经成为未成年人盗窃、抢劫、敲诈勒索等侵财性犯罪的重要原因之一。五是报复心理。未成年人心态不稳，控制力不强，报复情绪浓，受到一些委屈无法承受，遇到一些事情易生妒恨，继而进行报复犯罪，使自己的行为超越了法律和道德的范畴。

针对以上不良心态，从挽救、教育的角度出发寻求对策，笔者认为，法院应当对未成年罪犯进行最大限度的法庭教育。

二、法庭教育的主旨目的

我国对未成年人犯罪采取的是"教育、挽救、改造"的方针，以教育为主、惩罚为辅，教育是第一位。因此，法庭教育是整个教育挽救未成年人过程中最重要的一环。事实上，要进一步强化未成年人犯罪案件审判中法庭教育的效果，应当努力做到"寓教于审"。所谓"寓教于审"，是指在办理未成年人犯罪案件的过程中，将教育与审判相结合，使被告人和其他相关人员在审判中受到教育的做法。由于未成年人犯罪案件的审判是不公开进行的，审判的具体情况也不能进行详细的报道，因此，法庭教育对象主要是参加审判活动的未成年被告人及其法定代理人、监护人和亲属,而所预防的犯罪主要是指未成年被告人以后可能发生的重新犯罪行为。换言之,在法庭审判过程中进行成功的教育活动,能够对被告人特别是未成年被告人产生影响,使其真正在法庭教育中受到触动,对教育的内容有清楚的认识和真正的认同,从而吸取教训,在以后避免重蹈覆辙、再次犯罪。

三、如何有效发挥未成年人犯罪案件审判中法庭教育的效果

(一) 持续增强判决书的说理性

增强判决书的说理性,是进行预防犯罪的法治教育的最有效方法之一。判决书中对于案件事实和判决理由的阐述,不仅有助于被告人和其他人了解犯罪与刑罚方面的法律规定,培养他们的守法意识,而且能够产生任何文字都难以比拟的预防犯罪教育效果。因为判决书是直接决定被告人未来命运的法律文书,在一定程度上也是决定被告人未来生活的法律文书,他们收到判决书后,必然会反复阅读、仔细研究、深入思考判决书中的内容。判决书中包含的依法查处案件事实、准确定罪量刑等方面的信息,也必然会对被告人产生直接而深刻的影响。

同时,增强判决书的说理性也意味着,不仅要详细阐述法庭认定的犯罪事实,阐明认定犯罪事实的依据,还要对未成年被告人及其辩护人等提出的重要辩解、辩护观点作出回应。特别是对于法院未采纳的辩解、辩护观点,要认真阐明理由,这样,才能使判决书以理服人,使未成年被告人等能够从内心接受判决,发挥判决书的教育作用。

(二) 继续坚持、守正创新法庭教育

尽管法庭教育活动要占用不少时间,检察官、法官和人民陪审员在准备法庭教育的内容方面要花费巨大的精力,但应当看到,法庭教育具有十分重要的以案说法和预防犯罪的教育效果,应当继续坚持。

首先，充分认识法庭教育的重要价值。在未成年人犯罪案件中，进行法庭教育具有重要的价值。第一，法庭教育内容是对判决书的重要补充。特别是审判长和法官进行的法庭教育，包含对案件事实的更细致的认识，对量刑和其他案件处理措施的更详细解释等，这些内容可以很好地补充判决书的不足，有助于未成年被告人更好地理解判决书的内容，有利于促进他们认罪服判。第二，法庭教育活动体现了办案人员对于未成年被告人的真诚关怀。无论是检察官的法庭教育，还是法官的法庭教育，往往都包含了对犯罪原因的深入分析，对未成年被告人罪错行为的痛惜之情和弃恶扬善的真诚祝愿，使审判活动具有了温馨的色彩，散发出人性的光辉，有利于消除未成年被告人与办案人员之间的心理对抗，增进社会和谐。第三，法庭教育活动有益于预防重新犯罪。法庭教育中对于犯罪原因的剖析，对于犯罪危害性的阐述，有关改恶从善的建议等内容，能够帮助未成年被告人更加清楚地认识犯罪行为的危害，更加理性地看待遵纪守法的重要性，更加清楚转变为守法公民的途径。

其次，全面推行法庭教育活动。所有未成年人犯罪案件的审理中，都应当进行法庭教育工作。因为每一起未成年人犯罪案件都有其发生的具体原因和特殊情况，都有各自不同的未成年被告人及其亲属等相关人员，都有可以进行法庭教育的内容和对象。对于法官而言，法庭教育工作具有一定的重复性，但是，对于不同的未成年人犯罪案件及其当事人和相关人员而言，是没有重复性的。

再次，重视恰当评价法庭教育。在对未成年人犯罪案件的考核工作中，应当把法庭教育的质量作为重要的工作考核指标，对检察官、法官和人民陪审员都应进行这方面的考核，对进行高质量法庭教育工作的检察官、法官和人民陪审员进行表彰、奖励，督促、引导他们花费时间和精力做这方面的工作，以通过法庭教育发挥审判工作在预防犯罪中的重要作用。

最后，明确法庭教育的环节。坚持法庭教育主要是指坚持宣判阶段的法庭教育。关于法庭教育的时间或者阶段，有不同的尝试和观点。例如，北京市海淀区法院在两个阶段进行法庭教育，即庭审教育和宣判教育；又如，有学者提出"全程法庭教育"的概念，认为可以在庭前、庭中、判后各阶段进行不同的法庭教育。这些都是有益的探索，然而在庭审甚至之前的阶段进行法庭教育的科学性，是值得探讨的。一般而言，庭审阶段的主要任务是查明案件事实，为正确处理未成年人犯罪案件，恰当进行法庭教育提供坚实的事实基础，如果在这个阶段进行法庭教育，可能存在一些问题。第一，庭审阶段的法庭教育可能冲击对案件事实的调查。庭审阶段的主要任务是查明案件事实，为此，要花费很多时间进行相关活动，包括调查、辩论、质证等。如果在这个阶段进行法庭教育，必然会影响查明案件事实活动的顺利进行，甚至会妨碍法庭完成其在此阶段的主要任务。第二，庭审阶段的法庭教育缺乏可靠的事实基础。对于未成年被告人的法庭教育，应当以已经查明的确凿案件事实为基础，在此基础上进行的法庭教育，更能够使未成年被告人信服，从而产生预期的教育效果。但在庭审阶段进行法庭教育，可能是在案件事实尚未查证属实的情况下进行，如果这样，法庭教育就不会有积极的效果。如果是在查明案件事实之后再进行法庭教育，这样的庭审教育就会与宣判阶段的法庭教育相重复，其必要性不大，而且会造成资源浪费。第三，庭审阶段的法庭教育有可能混淆法官的角色。法官的基本角色是公正裁判，在审理任何案件中都应当如此。在审理未成年人犯罪案件过程中，虽然基于"教育为主、惩罚为辅"的原则，包括法官在内的办案人员被赋予适时教育未成年被告人的权力，但是，这仍然不能改变法官居中裁判的基本角色。如果法官在尚未完全查明案件事实的情况下进行法庭教育，或者一边查证案件事实，一边进行法庭教育，就会混淆法官的角色，将居中裁判的法官变成按照个人的见解对未成年被告人施加影响的教育者，这显然是不恰当的。第四，庭审阶段的法庭教育有可能引起被告反感。在庭审阶段进行的法庭教育，如果处理得不好，甚至有可能引起被告方的反感。因为庭审阶段主要应查明案件事实，即使通过激烈的辩论、质证等环节查明了案件事实，被告方也不一定立即从内心承认所查明的事实；对于法庭查明的事实，他们还需要一个分析、确认的心理过程，然后才可能在心理上、感情上承认，接受所查明的事实。在这个心理状态没有出现之前进行教育活动，势必会引起他们内心的抵制，甚至会激起他们强烈的反感情绪，从而导致法庭教育的失败。第五，庭审阶段的法庭教育会削弱宣判阶段的教育效果。对于一起案件而言，法庭教育的内容都是围绕同样的案件事实等情况进行的，即使在不同的办案阶段进行法庭教育，其教育的内容大体相似。很难设想，在庭审阶段进行法庭教育的内容，与宣判阶段进行法庭教育的内容完全不同。如果教育活动的内容大体类似，多次进行这样的教育活动不仅浪费时间和精力，也会导致未成年被告人对宣判阶段教育活动的心理抵制，他们在宣判阶段听到相似的教育内容时，可能会产生"老一套内容又来了"的反应，自然而然地对法庭教育的内容产生抵触情绪，从而大大削弱宣判阶段的教育效果。由此可见，在审理普通的未成年人犯罪案件中，在宣判阶段进行法庭教育，特别是在宣读判决后进行法庭教育，是较为恰当的。

（三）加强法庭教育的互动性

法庭教育的互动性，是指在进行法庭教育的过程中，教育者和被教育者之间应当有信息、感情等方面的交流。法庭教育中的互动性意味着，进行教育活动的教育者（主要是办案人员）不仅应当针对被告人的案件事实和个人特点进行教育活动，还应当利用多种形式与被告人进行双向的交流活动。例如，要与未成年被告人进行眼神、情绪的交流；在讲到案情的某个细节时，可以询问被告人相关的情况；在阐述某个观点之后，可以询问被告人是否认可、是否同意；甚至可以围绕某个观点、细节等与被告人进行讨论。只有那些得到被告人认可、同意的教育内容，才有可能进入他们的内心，对他们产生影响。如果办案人员以居高临下的姿态，以命令强制的语言，以训斥批判的口吻，以只管自己宣读、不管对方反应的方式进行法庭教育，而且所讲的内容未成年被告人既不认可，也不同意，那么，这样的法庭教育往往是无效的。

（四）把法庭教育延伸到后续环节中

法庭教育的延伸化，是指不仅在宣判时对未成年被告人进行法庭教育，还要让法庭教育的内容延伸影响到其他相关人员和其他相关机构。其他相关人员，是指未成年被告人的法定代理人和近亲属，未成年被告人所在学校、单位、居住地基层组织或者未成年人保护组织的代表。犯罪学的研究表明，未成年人犯罪并不仅仅是未成年人自己的问题，而是未成年人及其家庭内外相关问题的综合性的、集中的体现。要准确认识未成年人犯罪案件，必须了解这些方面存在的问题；要帮助未成年犯罪人弃恶从善变成守法公民，更需要这些方面的努力与配合。未成年人审判庭应当将法庭教育文书的副本转交、移送给这些人员和机构。

乡村校园周边安全问题原因探析及防范对策

——以J市两级法院110起乡村校园周边安全案件为分析样本

李艳敏 周学君[*]

近年来,在校学生被性侵、校园欺凌以及其他民事侵权类案件频频见诸媒体,个别在校学生甚至因压力过大引发恶性极端事件,不仅对涉事家庭造成了难以弥合的伤痛,对和谐稳定的法治社会也带来了极大的挑战。笔者以J市两级法院2017年以来审理的110起涉乡村校园周边安全的刑事、民事、行政案件为分析样本,对乡村校园周边安全问题进行分析研判,并针对性地提出解决对策,力求对营造良好的乡村校园法治环境、建设美丽乡村起到积极作用。

一、J市涉乡村校园周边安全案件基本类型

自2017年以来,J市两级法院共审理涉乡村校园周边安全案件110件,其中刑事案件95件、民事案件13件、行政案件2件,分别占比86%、12%、2%。刑事案件主要集中在性侵未成年人犯罪案件、暴力伤害案件,民事案件主要类型是生命权、健康权纠纷案件以及教育机构监护责任纠纷案件,行政案件系2件不服行政机关作出的不予工伤认定案件(见图1)。

---

[*] 作者单位:河南省焦作市中级人民法院。

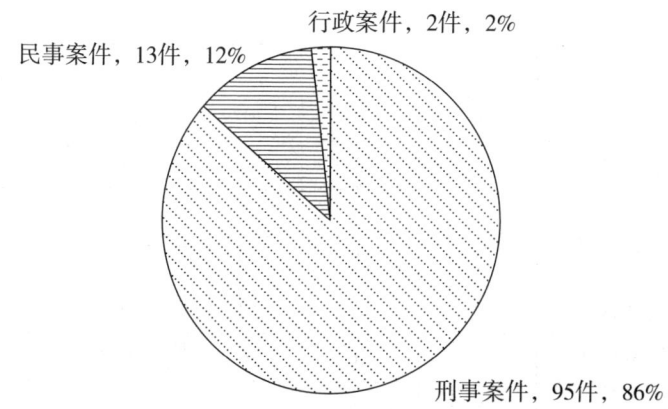

图1 J市两级法院审理的涉乡村校园周边安全刑事、民事、行政案件

（一）涉乡村校园周边安全刑事案件分析

1. 主要涉及罪名

表1以及其他资料显示，J市两级法院审理涉乡村校园周边安全刑事案件主要集中在强奸罪、猥亵儿童罪、寻衅滋事罪、聚众斗殴罪案件。其中，强奸案42件，占比44.2%；猥亵儿童案27件，占比28.4%；强制猥亵案9件，占比9.5%；聚众斗殴案、寻衅滋事案均为7件，各占7.4%。从图2中可知，侵害乡村未成年人刑事案件数量仍在高位徘徊，尤其是性侵害未成年人犯罪数量居高不下，应引起高度重视。

表1 J市涉乡村校园周边安全刑事案件罪名

单位：件

罪名	年份				四年合计
	2017	2018	2019	2020	
强奸罪	10	10	9	13	42
猥亵儿童罪	8	7	5	7	27

续表

罪名	年份				四年合计
	2017	2018	2019	2020	
强制猥亵罪	0	2	1	6	9
引诱幼女卖淫罪	1	0	0	0	1
聚众斗殴罪	2	3	2	0	7
寻衅滋事罪	3	2	2	0	7
故意伤害罪	1	0	0	0	1
虐待罪	0	0	1	0	1
罪名总计	25	24	20	26	95

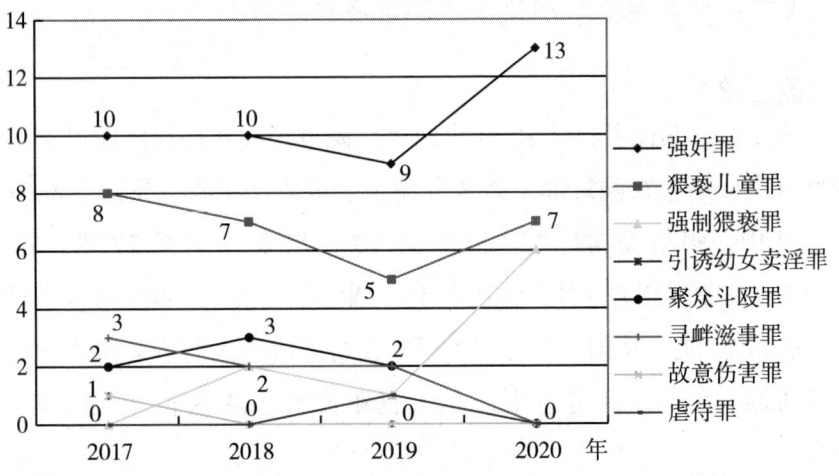

图 2　J 市涉乡村校园周边安全刑事案件走势

2. 被告人主要特征

（1）被告人的年龄情况。从图 3 中可知，自 2017 年以来在 J 市涉乡村校园周边安全刑事案件中，性侵未成年人案件被告人主要集中在 25 周岁以上，占比 75.9%，其中 55 周岁以上的有 26 人，占比 32.9%，未成年人被告人有 10 人，占比 12.7%。暴力犯罪被告人年龄均在 25 周岁以下,其中未成年人被告人 10 人,占比 62.5%,可见暴力犯罪往往是未成年人冲动型、盲目型、跟风型犯罪。

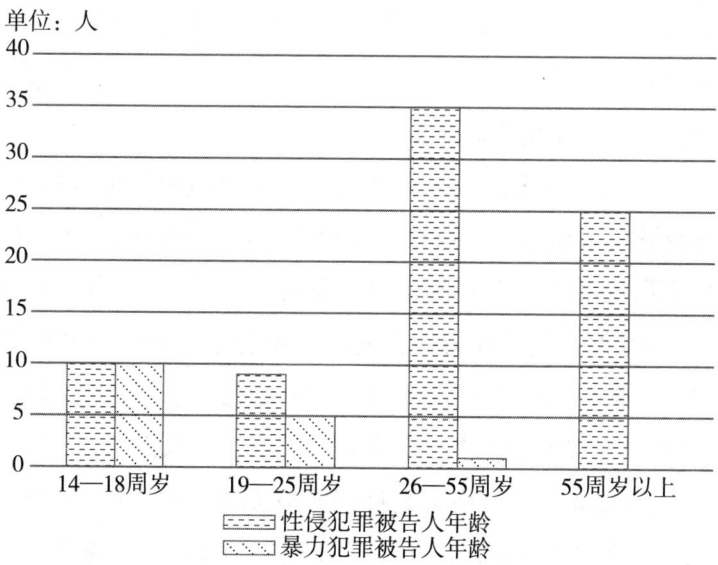

图 3　J 市涉乡村校园周边性侵犯罪被告人和暴力犯罪被告人年龄分布

(2)被告人的学历和职业情况。从表 2 中可知,在涉乡村校园周边安全刑事案件中,被告人的文化程度普遍不高,初中及以下学历占比 73.7%,他们往往法律意识淡薄,自控能力差,受到不良风气的影响易产生邪念和歹念。从表 3 可知,在涉乡村校园周边安全刑事案件中,被告人为无业及农民较多,占比 85.3%,在校学生 12 人,占比 12.6%。

表 2　J 市涉乡村校园周边安全刑事案件被告人学历

学历	文盲	小学文化	初中文化	高中文化	中专文化	大专文化
人数	20 人	30 人	20 人	16 人	8 人	1 人

表 3　J 市涉乡村校园周边安全刑事案件被告人职业

职业	在校学生	无业	农民	教职工	公职人员
人数	12 人	45 人	36 人	1 人	1 人

3. 刑事案件需重点关注的问题

（1）性侵未成年人案件中多系熟人作案。在性侵未成年人案件中，熟人作案较多，如朋友关系、邻居关系、监护关系、同学关系、师生关系等。未成年人尤其是幼女因心智发展不成熟，加之对熟人缺乏防备，往往易成为不法分子侵害的对象。

（2）老年人性侵未成年人犯罪多发。随着城市化进程的不断加速和人口老龄化的加剧，农村留守老人越来越多。个别不法分子精神生活空虚，内心深处罪恶的念头不但没有随着年龄的增长而减弱，反而将"黑手"伸向了毫无反抗能力的女童。在W县法院审理一起性侵未成年案件中发现，被告人苗某为某幼儿园后厨人员，竟然长期多次奸淫其不满12周岁的两个亲孙女，犯罪情节极其恶劣，令人发指。

（3）校园欺凌等暴力伤害案件仍时有发生。自2017年以来，J市两级法院共审理涉乡村校园周边聚众斗殴、寻衅滋事类案件14件，占比较高，这类案件往往是校园欺凌事件的表现形式，多为在校学生冲动型、盲目型犯罪，继而发生的互相"约架""抢地盘"等。如被告人张某某与宋某某原系Q市职业教育中心学校学生，两人在校内因打篮球发生打架并产生矛盾，二人约定各自叫人下午放学后在学校门口附近打架。双方纠集了数十人在校门口互殴，造成了不同程度的人身伤害和恶劣影响。

（4）留守儿童较易成为被性侵对象。目前，我国正在经历快速的城市化和工业化，留守儿童群体庞大。根据《中国儿童福利与保护政策报告（2019）》显示，我国农村现有留守儿童697万人。该群体普遍存在年龄幼小、缺乏生活自理能力、缺乏信息辨别能力等问题。父母长期在外务工监护缺失，导致留守儿童缺乏关爱无法诉说，往往出现心理问题，容易受到不健康教育影响，形成不正确的价值观，极易成为不法分子性侵害对象。如2019年4月至8月，被告人牛某某对寄养在其家中的留守儿童王某某（未满12周岁）多次实施奸淫行为。

（二）涉乡村校园周边安全民事、行政案件分析

由图 4 可知，自 2017 年以来，J 市涉乡村校园周边安全民事案件共 13 件，分别是生命权、健康权、身体权纠纷 5 件，主要系在校学生追跑打闹造成意外伤害而引发的民事侵权纠纷；教育机构责任纠纷 8 件，主要系幼儿园、小学、初中等学校因监护不力，导致学生发生人身损害引发的纠纷。

图 4　J 市涉乡村校园周边安全案件民事案件主要类型

另外，行政案件 2 件，均为 J 市某基层人民法院异地管辖审理的原告聂某、陈某等 4 人诉被告 G 市人力资源和社会保障局要求撤销不予认定工伤决定一案。该案系聂某某（聂某、陈某之子）因在学校教育学生时与学生产生冲突，被学生家长在被害人家中故意伤害致死，G 市人社局对其死亡不予认定工伤，聂某等人遂向人民法院提起行政诉讼。该案也暴露出了当前的校园暴力事件不仅是针对学生，还可能是教职工在教育管理学生中，因家校沟通不畅等原因，受到不法伤害。

二、原因探析

校园周边安全案件多发频发，原因是多方面的，主要有社会方面、家庭方面、学校方面、学生方面等原因。

（一）社会方面

1. 贫富差距下，弱势群体心理失衡

随着经济体制、政治体制改革的全面深化，我国进入从传统社会向现代社会转型的加速期，经济取得快速发展的同时，社会贫富差距也进一步拉大。城乡"二元"结构的变迁，遗留下庞大的农村弱势群体。他们处于社会底层，生活水平低下，可能长期缺乏人文关怀，利益诉求得不到及时有效的满足，心理状态失衡。

2. 学校及周边环境复杂

学校校门周边还有摆摊设点、占道经营、乱停车辆，存在交通隐患；个别乡村校园、幼儿园200米以内设有网吧、麻将馆等娱乐场所，一些网吧仅追求经济利益，罔顾社会责任，容留在校学生通宵上网。因乡村校园留守儿童较多，他们平时因缺乏管教，自制力差，极易受周边不良环境的影响，养成不良生活习惯，乃至走上违法犯罪道路。

3. 社会不良文化的侵蚀

从校园暴力案件中可以发现，暴力、色情文化是产生校园暴力的第一推手。在网络游戏、不良影视文化作品、音像制品中，青少年很容易接触到暴力、色情场面，而这些不良文化满足了青少年渴望交流和猎奇的心理，对他们的健康成长造成负面影响。如在Q市法院审理的殷某某强奸案中，被告人与同学经常结伴上网打游戏、浏览色情网站，深陷"网毒"而无法自拔，最终走向犯罪道路。

（二）家庭方面

1. 父母监护不到位

在性侵未成年人犯罪案件中，被侵害儿童的父母往往忙于工作、外出务工或是离异，不足够重视照顾子女，孩子多由祖辈照顾或委托他人看管或无人看管，导致孩子极易成为被侵害对象。如在王某某强奸案中,被害人崔某某(2003年6月出生)与被告人系邻居。2011年至2017年6月,王某某趁被害人家人不在家之际,或到被害人家中,或打电话把被害人叫到其家中,许以三五元的小利,对崔某某实施奸淫,时间长达6年之久,而崔某某的母亲6年间竟未发现。

2. 家庭性教育的缺失

在家庭教育中,往往忽略了对性知识方面的教育,或者是很避讳、很隐晦地去面对。对于农村家庭而言,因文化知识、生活理念的局限,对身体知识尤其是性安全知识教育的缺乏更甚。最近频发的熟人作案,被告人专挑未成年人下手,就是因为未成年人没有自我保护意识,只要稍微加以威逼利诱就会轻松上钩且犯罪不易被识破。

(三) 学校方面

1. 校园内部管理存在漏洞

首先,硬件方面。一些乡村校园由于经费低,投入不足,未配备一键报警、监控设施等技防设施。一些学校保安力量不足,教学区与生活区没有隔离,社会车辆和人员随意进出校园,存在极大的安全隐患。其次,教职工配备方面。学校未配备专门的法治副校长,甚至一些私立学校对教职工招聘审核把关不严,随意招聘社会闲散人员,成为伤害未成年人的潜在"杀手"。如在J市中级人民法院二审审理的王某某强奸案中,发现本案被告人系W县步步高实验学校的聘用司机,其利用担任校车司机送学生回家单独与学生相处的时机,对一名12岁的女学生多次实施强奸行为。为此,J市中级人民法院向J市教育局专门提出了《关于加强对民营私立学校教职工招录及管理的建议书》,建议教育局组织各学校严格落实J市中级人民法院联合八部门下发的《关于建立涉性侵害违法犯罪人员从业限制制度的意见》,在辖区所有的民营私立学校在招录人员时,要求应聘人员如实报告本人是否存在相关违法犯罪记录,并提交《入职承诺书》,严禁实施性侵害违法犯罪人员从事与未成年人密切接触的行业。

2. 对学生的法律及心理健康知识教育不足

学校法治教育师资队伍不健全，法治教育理念、课程设置滞后，导致多数学生法律知识匮乏、法律意识淡薄。在中部某省举办的中小学法治老师座谈会中，笔者了解到，与会的法治老师多为兼职，法治老师普遍反映自己对法律知识一知半解，也缺乏系统培训学习，法治课往往流于形式，传授给学生的法律知识非常有限。另外，多数学校未配备专业的心理学老师，未开展心理健康教育，对于有心理困扰和心理问题的学生，没能进行科学有效的心理疏导，没能及时给予必要的危机干预，没能排解学生心理困扰。

3. 不重视青春期性教育

据了解，我国素质教育虽已实施多年，但中考、高考"指挥棒"依旧存在。目前的大多数学校教育仍以应试教育为主，学校仍然只重视语文、数学、外语等几门与升学密切相关的重点学科的教学，至于其他不列入升学考试的内容根本得不到重视。乡村学校普遍缺乏对学生性生理、性心理的教育和引导，没有相关课程，更谈不上满足需要。教师授课时一般对这部分内容都是跳过去不讲，或者把一些敏感内容交给学生自学，而学生获取性知识最便捷的途径就是通过网络。

（四）学生方面

青少年正处于性格塑造期，价值观尚未完全形成。对于涉世未深的中小学生，由于长期生活在落后闭塞的农村地区，社会阅历匮乏，缺乏明辨是非的能力，安全风险防范意识淡薄，遇到危险不知如何应对。

三、防范对策

（一）家长要切实履行监护职责

家庭是未成年人健康成长的港湾，父母的家庭教育影响决定孩子的一生。一要倾注更多的精力关心孩子的健康成长。对于外出务工的家庭，父母二人尽量留一人在家抚养和教育孩子，或外出务工时尽量将孩子带在身边，如不能将孩子带在身边，要提前找好合适的看护人，以保障孩子的人身安全及正常的学习和生活；父母要经常与留在家中的孩子保持联系，最好每周与孩子通通电话或通过微信视频与孩子进行交流；父母要与孩子的看护人和班主任老师保持联系，及时掌握孩子的生活学习情况。二要加强性教育。父母应当在孩子幼儿时期就逐步教育孩子认识性、了解性，教给孩子性安全知识。父母还应时刻关注孩子的身心变化情况，通过沟通和引导的方式，及时对孩子的性知识困惑予以解答，保证孩子的身心健康发展。

(二) 学校要加强校园安全教育力度

一是加强对学生的法治教育。要加强对学生的法律法规教育，使学生从小养成知法、懂法、守法的良好法治观，明辨是非、爱憎分明的是非观，用法律保护自己合法权益，杜绝校园暴力事件发生。二是加强性教育。早在 2011 年，国务院颁布的《中国儿童发展纲要（2011—2020 年）》中就提出，要"加强儿童生殖健康服务。将性与生殖健康教育纳入义务教育课程体系，增加性与生殖健康服务机构数量，加强能力建设，提供适合适龄儿童的服务，满足其咨询与治疗需求"。但是，农村中小学普遍没有开设相关课程。许多儿童保护机构也编写了自己的教材和教育指导意见，录制了相关视频向社会公开发布，学校教师可以通过学习这些教材和视频，向学生传授相关性知识。三是加强学生心理教育。乡村校园学生特别是留守儿童从小缺乏家庭关爱，加之受种种社会负面因素的影响，学生心灵普遍脆弱，难以承受较大的压力，容易发生自暴自弃甚至恶性事件。建议各中小学招聘专业心理学教师，有针对性地对学生进行心理疏导，教育引导孩子形成健康美好的内心世界。对于有心理创伤的受性侵害未成年人，要邀请专业心理咨询师进行心理疏导，帮助未成年被害人尽快走出心理阴影，恢复身心健康。

(三) 加强学校周边安全综合治理

在各个学校周边成立由公安、教育、交警、工商、食药监、城管、学校、社区等部门负责人和相关人员组成的学校周边安全综合治理小组，及时发现和研究解决问题。进一步健全警校合作机制。教育部门、公安机关和学校要在信息沟通、应急处置等方面加强协作，健全联动机制。公安机关要进一步完善与维护校园安全相适应的组织机构设置形式和警力配置，加强学校及周边警务室建设，派出经验丰富的民警加强学校安全防范工作指导。学校建立专兼职结合的安保队伍。每所学校应当至少有1名专职安全保卫人员或者受过专门培训的安全管理人员。有条件的学校可以以购买服务等方式，将校园安全保卫服务交由专门保安服务公司提供。学校要与社区、家长合作，积极建立学校安全保卫志愿者队伍，在上下学时段维护学校及校门口秩序。寄宿制学校要根据需要配备宿舍管理人员。

(四) 加大涉乡村校园刑事犯罪打击力度

一是始终坚持对涉校刑事案件"零容忍"，坚决斩断伸向未成年人的黑手。充分发挥刑事审判职能，严厉打击校园及周边地区存在的不法分子，加大对侵害学生案件的惩罚力度，通过司法威慑作用减少在校园及周边的案件发生。二是全面落实行为禁止、从业禁止法律规定。对利用职务便利或者实施违背职业要求特定义务的犯罪分子，在判处刑罚的同时宣告禁止其从事一定行为或职业。如建立涉性侵害违法犯罪人员从业限制制度，从事与未成年人密切接触的行业，应当对本单位拟录用人员进行审查，发现拟录用人员存在性侵害犯罪记录的，应当不予录用。三是防止对未成年人只讲从宽而不讲从严的认识偏差，对那些主观恶性大、社会危害严重的未成年惯犯、累犯，应给予必要的严惩。对于一些具有典型意义、社会关注度高、有教育意义的案件，可在学校巡回审判，充分发挥"审理一案、教育一片"的作用。

(五) 联手共建法治校园

综治办、公、检、法、司、共青团、妇联、教育等部门应联合制定关于校园欺凌综合治理、设立法治副校长和"一校一法官"等方面的制度，形成青少年法治教育长效机制。为提高在校学生的法律意识和自我保护能力，法院的法官可利用春秋两季开学日、寒暑假前夕、"六一"儿童节、国家宪法日等时间节点，深入开展送法进校园活动。选择典型案件开展巡回审判、邀请乡村学校学生参观法院，观摩庭审活动等。疫情特殊时期可采取线上线下相结合的方式，将传统的法治课变成中小学生喜闻乐见的宣传片、微电影或者视频直播等，通过钉钉、微信、抖音等网络平台进行"零距离"推送，使广大师生及家长朋友们能够多角度、全方位地接受法治教育。

(六) 关爱留守儿童健康成长

司法部门可选取留守儿童较多的中小学校，设立留守儿童关爱站。以关爱站为联络点，深入开展普法宣传活动，建立法官、检察官与留守儿童"一对一"帮扶机制，提升中小学生的法治意识，护航孩子们健康成长。同时充分发挥"留守儿童关爱站"平台作用，汇集全社会力量，形成保护青少年及留守儿童的社会合力，为中小学生的茁壮成长创造良好的家庭环境、学习环境和法治环境，使他们能够心无旁骛地投身学习、心向阳光健康成长。

四、结语

乡村校园周边安全问题不可小觑，事关乡村少年儿童生命健康安全，事关亿万家庭的幸福，事关社会的稳定和谐，事关美丽乡村建设进程，事关国家的未来。确保乡村校园周边良好的环境是广大家长和全社会的期盼，不仅是学校、家长的职责，还是社会、政府和各级司法机关的职责。因此，各级党委政府要把乡村校园周边安全综合治理列为重要议事日程，职能部门和司法机关要协同作战、齐抓共管，家庭、学校要切实履行监护和教育职责，如此才能让乡村校园周边环境彻底改观。

贵州省黔南布依族苗族自治州未成年人司法保护运行机制研究

蒙丽华[*]

习近平总书记多次强调,培养好少年儿童是一项战略任务,事关长远。未成年人是国家的未来,民族的希望,保护未成年人健康成长是全社会共同的责任。人民法院发挥司法职能作用,构建全面维护未成年人合法权益,预防和矫治未成年人犯罪的司法保护体系,是践行司法为民宗旨的必然要求。贵州省黔南布依族苗族自治州(以下简称黔南州)法院以新时代"司法保护未成年人"路径选择为题,"一把手"领题调研,带领课题组①亲赴罗甸县城乡各中小学校走访教师、看望学生,赴未成年人家中问需求,广泛收集群众的意见建议。课题组深入贵定法院、龙里法院蹲点调研,从微观上观察基层司法实践运行情况,书面调研近五年来基层法院未成年人司法保护工作发展情况,比较研究贵州省内及全国各地法院经验做法,结合新时代未成年人司法保护工作要求,提出黔南州高质量推进未成年人审判工作的对策建议,希望以黔南州法

---

[*] 作者单位:贵州省黔南布依族苗族自治州中级人民法院。
① 课题主持人:罗朝国,贵州省黔南布依族苗族自治州黔南州中级人民法院(以下简称州法院)党组书记、院长;课题组成员:刘锋,州法院党组成员、副院长;李雪莹,州法院党组成员、副院长;罗莎,州法院审判监督庭庭长;蒙丽华,州法院研究室主任(本文执笔人);李莹,州法院刑事审判一庭二级法官助理;陈睿,州法院刑事审判二庭五级法官助理。

院的实践基础为顶层设计提供参考样本，为构建强有力的未成年人司法保护工作体系贡献力量。

一、黔南州法院未成年人司法保护工作总体概况

步入新时代，最高人民法院在全面推进依法治国和深化司法体制改革进程中，围绕未成年人保护和犯罪预防的现实需求，不断加强专门研究与顶层设计，鼓励全国法院大胆探索未成年人审判工作经验。黔南州法院坚持改革创新，立足审判职能，在未成年人司法保护方面用心用情耕耘，不断改进未成年人司法保护工作，积累工作经验，为未成年人健康成长提供司法保障。

（一）抓好主责主业，维护未成年人合法权益

1. 坚持"教育挽救"为主，感化未成年人犯重返社会

一是以全力挽救为工作导向，始终将"教育、感化、挽救"方针贯穿未成年人犯罪案件审理全过程。坚持宽严相济的刑事政策，遵循惩罚为辅、教育为主的原则，将社会调查、寓教于审等特色方法引入庭审过程，给予未成年被告人改过自新的机会。二是推行"圆桌审判"机制，开展"对话"式审判，营造相对温馨、和谐的审判氛围，消除未成年被告人出庭时的紧张、抵触心理，使其敞开心扉，充分表达内心想法。三是充分保护未成年人隐私。依法严格施行未成年人犯罪记录封存、案件办理全程不公开制度，建立引入合适成年人参与案件审理机制，判后开展"一对一"帮教，帮助未成年人犯尽早回归社会。自2017年以来，全州法院审结未成年人犯罪案件317件，判处未成年罪犯435人，定期开展跟踪帮教工作。

2. 坚持"零容忍"态度，严厉惩处侵害未成年人犯罪行为

全州法院始终保持对侵害未成年人犯罪高压态势，对侵害未成年人权益的犯罪行为坚决依法严惩。从妇联、学校、共青团、总工会、教育

局等部门选任人民陪审员参与侵害未成年人案件审理，加大对被侵害未成年人的心理恢复辅导，强化受害人隐私保护和司法求助。自2017年以来，全州法院审结侵害未成年人权益刑事案件369件，从重惩处罪犯483人。

3. 坚持全面保护，着力维护未成年人合法权益

全州法院始终贯彻"全面、特殊、优先"保护方针，在审判执行各领域各环节，强调对未成年人保护从身份利益、财产利益延伸到人格利益、安全利益和情感利益，注重人文关怀。自2017年以来，全州法院依法妥善化解涉未成年人权益保护民事案件13195件，优先执行涉未成年人权益保护案件1271件。

（二）创新工作方法，探索未成年人司法保护新机制

1. 探索建立少年家事审判庭

充分发挥家事审判对婚姻关系的诊断、修复和治疗作用，弘扬文明进步的婚姻家庭伦理观念，推进家风建设和家庭美德建设。以三都水族自治县人民法院（以下简称三都县法院）作为全国法院家事审判改革试点为契机，探索将少年审判与家事审判合并，组建少年家事审判庭。坚持以保护未成年人成长为中心，柔性调处家事纠纷。在审理与未成年权益密切相关的离婚纠纷以及抚养权、抚养费、探望权、监护权纠纷时，以保护未成年人最大利益为原则化解纠纷。如在审理离婚案件时，注重倾听未成年人意见，在财产分割中优先考虑未成年人生活需要，在抚养归属上优先考虑对未成年人成长最为有利的一方，在探视权行使上注重未成年人意见，最大限度地保护未成年人利益。三都县法院总结"12345"少年家事审判经验，荣获"全国家事审判改革先进集体"称号。

2. 探索未成年人犯罪记录封存改革

坚持以帮助未成年犯回归社会为己任，在瓮安县人民法院探索未成

年人违法和轻罪犯罪记录封存和管理机制试点改革，总结改革经验，州法院在全省率先出台了《关于未成年人违法犯罪记录封存的实施办法》。一是规范封存责任主体。未成年人犯罪记录封存由法院依职权启动，对经过法院判决被判处五年以下有期徒刑的未成年人的犯罪记录由法院依职权封存。二是规范封存程序。法院依法封存犯罪记录的案件，制作《封存犯罪记录决定书》，与裁判文书同时送达相应的人民检察院、公安机关、司法行政机关。裁判文书一般不送达未成年被告人所在的学校、居委会、村委会等单位和组织，确需送达的，须同时送达《协助封存犯罪记录通知书》，接收送达单位和组织应当予以执行。三是规范犯罪记录档案管理。对未成年人犯罪依法封存犯罪记录的卷宗材料档案，一律在封存的档案封面上加注"未成年人犯罪记录封存，严禁查询"字样，档案管理部门将封存记录档案另行专门存放和管理。同时明确规定，有关单位非因法定事由，严禁查询已封存的犯罪记录。

3. 推动完善未成年人联合保护机制

一是主动融入社会关爱未成年人成长工作大格局。加强与部门协调联动，积极同政法委、检察院、公安、妇联、共青团、民政、教育、卫健委等部门建立联席会议机制，就保护未成年人展开协商，进一步健全未成年人关爱保护长效机制，探索完善未成年人保护工作协调机制，形成司法保护合力，全方位保护未成年人。二是主动介入早婚早育社会问题治理，源头预防问题家庭产生问题少年。在办理案件中对发现存在家庭暴力、故意伤害、遗弃等问题的早婚早育家庭，及时为受害方提供法律帮助，协助依法行使合法权利，及时依法办理解除婚姻关系纠纷，妥善安排未成年人抚养。都匀市人民法院、贵定县人民法院和龙里县人民法院被表彰为"全国维护妇女儿童权益先进集体"。三是主动延伸判后职能。建立判后回访制度，对在审理案件中发现未成年人在亲职监护、家庭教育、心理健康等方面存在问题的，在审结涉未成年人案件后，定期跟踪回访，关爱未成年人成长、发布家庭教育令加强亲职教育指导，提升家庭教育质量，改善未成年人的生活环境。

（三）落实普法教育责任制，全面提升未成年人法治意识

1. 加强沟通交流，建立青少年普法长效机制

一是强化法治副校长队伍建设。出台《法官及法官助理担任法治副校长管理办法》，扎实推进中小学法治教育工作，积极构建青少年普法的长效机制。结合法院审判职能和工作实际，选派法官或法官助理兼任中小学法治副校长，配合学校对学生进行形式多样、有针对性的法治教育，着力将青少年法治宣传教育工作向纵深发展。全州法院已选派出101名员额法官或法官助理担任辖区中小学法治副校长，充分参与学校的建章立制和依法治校工作。二是强化法治教育实践基地建设。两级法院加强与高校联系合作，先后与黔南民族师范学院、贵州财经大学、贵州师范大学等高校签订合作协议，成立实践基地，让学生在实践锻炼中加深对所学法律知识的深层次理解，激发自觉学习法律知识的积极性和主动性。

2. 积极整合审判资源，构建多元化普法教育平台

一是以州法院法文化服务中心为基础，不断丰富宣传教育载体，建设了集法治精神文化、制度文化、行为文化、物质文化于一体的青少年法治宣传教育基地。通过开展"法院开放日"活动、"模拟法庭"大赛等，加强与高校合作、党委政府部门和社会其他组织对接，积极组织高校、中小学职工、学生及群众等到法治宣传教育基地参观学习。二是主动融入新媒体发展，搭建网络法治宣传平台，加强两级法院"两微多端"新媒体矩阵建设，适时发布法治新闻动态、审判执行动态以及各类普法短视频，为广大青少年提供优质的法治宣传教育资源，打造全方位多层次青少年法治宣传教育新媒体阵地。

3. 注重按需普法，确保青少年法治宣传有实效

一是开展"送法进校园"活动。深入开展《宪法》《民法典》《刑

法》《未成年人保护法》《预防未成年人犯罪法》等法律法规宣传教育，配合开展"平安校园"创建，积极预防和减少青少年违法犯罪，预防和遏制学生欺凌行为，主动配合参与专门教育，优化青少年健康成长的法治环境。二是拍摄普法教育短视频。两级法院以群众喜闻乐见、通俗易懂、便于接受的方式，创作了一批微电影、微视频、微动漫等普法公益作品，使青少年普法宣传深入人心。三是改进普法教育宣讲方式。法官采用法条释义、案例讲解、情景模拟、法治版画、警示教育片、现场互动问答等形式生动讲解法律，让学生直观生动地参与学习，切实增强中小学生对法治的理解，加深对法律法规的领会，不断提高广大青少年自我保护意识。都匀市人民法院平浪人民法庭被团中央授予"青少年维权岗"称号。

二、黔南州法院未成年人审判工作机制的运行现状

少年蕴含生机，青春缔造未来。涉未成年人审判，是以教育和保护为主题的特殊审判活动，事关家庭福祉、社会稳定和国家民族的前途命运。我国未成年人审判工作发端于1984年上海市长宁区人民法院建立的涉少刑事案件合议庭，自此全国各地法院在建立少年审判法庭及少年审判工作方面开启了"自下而上"的漫漫征程，最高人民法院不断地从基层司法实践中总结工作经验教训，形成指导意见。黔南州两级法院围绕未成年人最大利益保护，在审判工作中不断总结经验教训，呈现"百花齐放"的样态。

（一）审判工作机构综合性发展

1. 加挂牌子组建审判机构

2000年左右，全州法院普遍在刑事审判庭组建未成年人刑事案件合议庭，采取加挂少年法庭牌子的形式，统一归口审理涉及未成年人犯罪的案件。

2. 探索建立独立建制审判机构

2013 年，瓮安县人民法院争取内设机构编制政策支持，成立单独编制的少年审判法庭，设置庭长 1 名、副庭长 1 名，专门审理涉未成年人犯罪案件、侵害未成年人刑事案件以及涉未成年人权益保护的民事案件和行政案件，即涉未成年人案件"三审合一"集中审理运行模式。2016 年，三都县法院在探索家事审判改革的基础上，为在审理家事案件中最大化保障未成年人利益，将家事案件与未成年人权益保护案件融合，组建了少年家事审判庭，探索归口审理涉及未成年人民事权益案件。

3. 探索综合性的工作机构

2018 年，根据最高人民法院部署基层法院内设机构改革的工作要求，"以案建庭"的指导下，精简内设机构，因少年审判庭"案源不足"，瓮安县人民法院撤销了少年法庭，至此，全州法院仅有的一个独立建制的少年法庭画上了句号。为解决内设机构改革后，未成年人审判工作弱化的问题，州法院在 2021 年出台了未成年人司法保护的工作指导意见，各基层法院结合实际，探索涉未成年人案件"三审合一"模式，将涉未成年人案件归口管理审理，在 2022 年成立了少年法庭工作办公室，统筹谋划未成年人综合保护和审判工作。

(二) 案件审理模式的多元化发展

随着审判机构的变迁，黔南州涉未成年人案件走出了以下四种运行模式。

1. 分散审理模式

办理涉及未成年人案件时未特别区分和归口审理。对涉及未成年人案件采取常规的随机分案形式，涉及未成年人民事权益保护的由民事审判庭审理、涉及未成年人犯罪和侵害未成年人犯罪的由刑事审判庭审理。黔南有 10 个法院运行这种模式。

2. 集中审理模式

此种审理工作方式即"三审合一"审理模式，以龙里县人民法院为代表。该院在刑事审判庭集中审理涉未成年人的刑事、民事、行政案件。由于员额法官数量有限，因此涉及未成年人的案件，均由同一合议庭或法官独任审理。

3. 指定审理模式

所谓的指定审理模式，即在法院组建涉未成年人案件审理团队，并分别成立民事、刑事审判组，明确审理案件的法官，对涉及未成年人案件进行指定分案。此种模式，主要以福泉市人民法院为代表。

4. "少家"审理模式

此种模式主要以三都县法院为代表，即组建少年家事审判庭，融合少年审判和家事审判，该庭审理辖区内离婚纠纷中衍生的涉未成年人抚养纠纷。

（三）涉未成年人案件的趋势变化

课题组通过案件管理系统、裁判文书数据分析等方式，对2017年至2022年6月30日，从两级法院受理涉及未成年人的案件情况来看，主要集中在刑事审判和民事审判方面，未受理过涉及未成年人的行政案件。

1. 未成年人犯罪情况（见图1）

一是案件数量低位运行。五年来，两级法院审理未成年人犯罪案件数量少，且总体呈逐年下降的趋势。二是犯罪类型比较集中。未成年人犯罪案件集中在盗窃罪、故意伤害罪、抢劫罪、寻衅滋事罪和强奸罪等类型较多。三是犯罪时的年龄主要在14周岁至18周岁阶段。这个年龄阶段，是人的身体发育和心理成长的发生大变化时期，教育学家将其称为成长"危险期"，对未成年人的成长需要正确价值观引导。

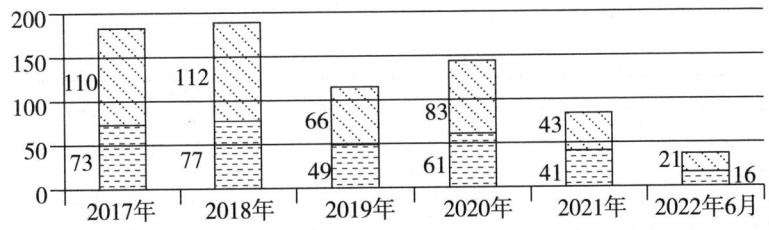

图 1　黔南州法院 2017 年至 2022 年 6 月未成年人犯罪情况

2. 侵害未成年人刑事案件情况（见图 2）

一是案件数量和受侵害人数均呈上升趋势。近五年来，侵害未成年人刑事案件数量和受害人数呈上升态势，形势不容乐观。二是案件类型比较集中，主要是性侵害、故意伤害、故意杀人以及交通肇事等犯罪类型。

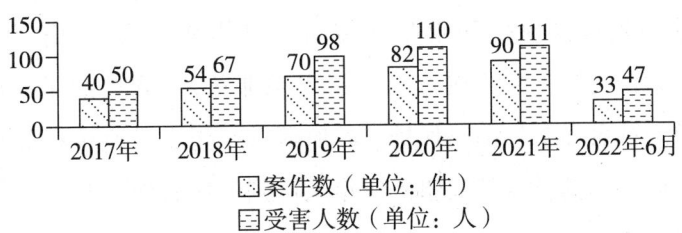

图 2　黔南州法院 2017 年至 2022 年 6 月审理侵害未成年人案件情况

3. 未成年人民事权益保护方面（见图 3）

通过检索 2017 年至 2022 年 6 月 30 日两级法院审理的民商事案件，发现未成年人民事权益保护主要有如下特点：一是涉及未成年人权益保护宽泛，涉及人身权益保护和财产权益保护等多方面。二是涉及未成年人民事案由集中在抚养费纠纷，机动车交通事故责任纠纷，生命权、健康权、身体权纠纷，有少量的商品房买卖纠纷中涉及未成年人权益保护。三是案件数量变化起伏不大，五年来受理涉及未成年人权益保护案件数量稳定在 2000 件至 2600 件。

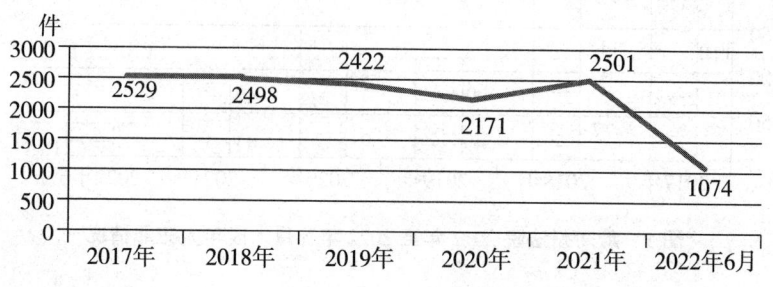

图 3　黔南州法院 2017 年至 2022 年 6 月受理涉未成年人民事案件数

三、黔南州法院未成年人审判工作发展面临的突出问题

党的十八大以来，以习近平同志为核心的党中央更加高度重视未成年人的健康成长，大力推进未成年人权益保护制度的健全完善，社会各界对未成年人权益保护和犯罪预防问题也非常关切。2020 年修订的《未成年人保护法》和《预防未成年人犯罪法》，建立起了家庭保护、学校保护、社会保护、网络保护、政府保护、司法保护的未成年人权益保护大格局。然而，从黔南州未成年人审判工作的现状来看，法院要从内部构建起未成年人司法保护运行机制，需要解决司法理念守旧、机构建制和队伍弱化、审判模式亟待明确、案件范围归口统一、工作评价机制缺失等系列问题。

（一）审判理念认识有偏差

1. 独立价值认识不统一

无论是从司法实务还是从理念研究来看，对未成年人司法保护独立价值的思想认识并未达到统一认识。从访谈中，有的同志认为未成年人审判工作仅是由于对象是未成年人，是年龄的判断，我国各项法律政策制定已经考虑到"年龄"因素，并为此设定了程序保护，在司法过程中，仅需按照"最大利益保护原则"对未成年人做倾斜即可，其他的价值与成年人案件并无特殊性，不能因为对象的特殊性，过于夸大审判理念的独立价值。这样的认识，实质是缺乏对未成年人审判工作特殊性价值的认识，忽视了未成年人司法保护的重要战略意义。

2. "轻民重刑"观念突出

受传统未成年人审判发端于未成年人犯罪的长期影响，在司法实务中，重视未成年人犯罪和侵害未成年人犯罪的办理。而在未成年人权益司法保护上探索不足，对民事案件、行政案件中涉未成年人权益保护关注少，机制制度探索上与刑事领域相比，重视程度不够，工作推进缓慢。

(二) 审判力量配置弱化

1. 审判机构衔接不畅

2018年在推进法院内设机构改革时，少年法庭由于受到传统意义涉未成年人刑事案源少的影响，全州法院仅有的1个独立建制的少年法庭，随着改革潮流一并裁减。两级法院缺少上下统一的阵地建设，涉未成年人案件审理呈现多种形式运行模式，缺乏合力，较难实现工作上的统一指导和业务交流，上级法院对下级法院工作指导出现衔接不畅。

2. 综合审判能力提升难

未成年人案件审判是一项综合性极强的工作，从事未成年人案件审判的法官，不仅要有广博的法学理论功底，而且需要储备社会学、心理学、教育学等方面的综合知识，两级法院具备复合型知识储备的法官匮乏，涉未成年人审判专业知识单一，对判后延伸辅导方面能力不足。同时，由于受到传统未成年人审判局限于刑事领域的影响，将审判队伍与刑事审判队伍合并，成为大多数法院的选择，因其案件类型是刑事案件，限制了法官民事审判业务水平的提高，不利于审判和各项工作的开展。尽管有龙里县人民法院、福泉市人民法院等少数法院在探索"三审合一"审判模式,但伴随基层法院高速增长的案件数量,涉未成年人案件仅占一小部分,司法实务中法官不可能仅办理涉未成年人案件。

3. 审判职能延伸服务跟不上

未成年人审判工作需要延伸审判职能,对未成年犯开展帮助与矫正,以便最大限度地利于未成年犯回归社会发展。同时,在审理侵害未成年人案件时,更需要拓展审判职能,对受侵害未成年人心灵治疗,重塑生存信心。然而,综观近十年来法院案件呈现大幅上升态势,有限的司法资源根本无力开展精细化的判后延伸帮教工作,工作流程限于形式化。

(三)未成年人案件范围不确定

从传统意义的未成年人审判理念来看,长期以来,审理案件范围主要在未成年人犯罪方面,最多扩张到被害人为未成年人的案件,案件范畴一直属于刑事审判领域。从走访交流反馈的情况来看,社会大众对未成年人审判工作的认识还处于预防和惩治未成年人犯罪以及严惩侵害未成年人权益的刑事犯罪方面,对未成年人民事权益的保护关注较少。

同时,由于民事案件范围广、类型多、数量大,在司法实务中,大家对未成年人民事案件的认识分歧大,很难达成一致意见。目前由于案件管理系统缺乏智能辅助,界别涉及未成年人民事案件需要大量的人工统计,加之缺少一致的案件统计口径,导致涉未成年人民事案件底数不清,审判管理监督机制存在缺位。

(四)工作评价机制缺失

工作评价考核机制具有"指挥棒"作用,2021年初最高人民法院颁布实施的《关于加强新时代未成年人审判工作的意见》中,再一次明确要对未成年人审判工作实行专门的绩效考核,提出不能仅以办案数量进行考核，要将社会调查、心理疏导、法庭教育、延伸帮教、法治宣传、参与社会综合治理等工作均纳入绩效考核的范围。目前，从两级法院的审判质效评价机制来看，对未成年人审判工作未单独设置评价体系，而是将法官办理未成年人案件质效纳入一般案件的评价指标体系，不能客观反映办理未成年人案件的质效情况，法官从事未成年人司法保护工作的动力明显不足。

四、黔南州法院未成年人司法保护机制完善路径对策

2021年1月20日，最高人民法院发布了《关于加强新时代未成年人审判工作的意见》，从顶层设计上指明了我国未成年人司法保护要坚持走专业化发展的道路。从上海、北京、浙江、黑龙江等全国各地未成年人审判工作经验分析，反思黔南州法院未成年人司法保护工作现状，要闯出专业化的审判之路，要从转变和培育独立司法价值和审判理念，健全完善统一的工作机构，构建司法保护一体化发展的大格局模式，实现未成年人司法保护的高质量发展。

（一）转变司法理念，培育少年审判的独立价值

未成年人发育尚未完全成熟，分辨和控制能力相对较弱，人生观和世界观尚未形成，具有很强的可塑性，其在心智、理性、体力等方面均较成人处于弱势，需要得到有别于成人的对待，特别是国家、家庭、社会以及相关机构的关心、帮助和爱护。由于未成年人审判工作具有审判对象、内容和方式特殊的重要特征，树立未成年人司法保护理念对指导审判工作至关重要。

1. 培育独立审判理念

2020年修订的《未成年人保护法》第四条明确未成年人保护应当秉持最有利于未成年人的原则，为培育未成年人司法保护理念指明了方向。从司法实践来看，刑事审判领域已建立了"教育为主、惩罚为辅"

的司法理念，在审理未成年人犯罪的案件中秉持"教育、感化、挽救"方针。应使最有利于未成年人原则从未成年人刑事审判向涉少刑事、民事、行政综合审判方向发展，在司法活动中确保未成年人依法得到特殊、优先、全面、综合保护。

2. 创建独立的审判程序

《最高人民法院关于适用〈中华人民共和国刑事诉讼法〉的解释》，专章规定了"未成年人刑事案件诉讼程序"，但未成年人民事审判没有过多地体现对未成年人的保护，审理思路上也是按照普通成年人民事案件进行审理。从大量的涉未成年人民事案件来看，探索独立的未成年人民事审判程序，对于未成年人权益最大化有重要的意义。在涉及未成年人权益司法保护中，应改变被动式审判，明确职权主义诉讼，主动介入和干预，为实现保护未成年人权益创造条件和提供便利。

（二）建立专业化的未成年人审判工作体系

人民法院应给予少年法庭合理的生存空间，以保证其正常发挥帮扶、教育未成年人的司法职能。从黔南州未成年人审判工作发展情况来看，要解决制约未成年人司法保护发展的燃眉之急，就是尽快在短期内建立两级法院统一的工作体系。

1. 建立专业化工作机构

尽管各法院结合实际情况在未成年人审判工作上探索了一些经验，但由于涉未成年人审判工作的特殊性，决定了"分散式"发展模式不利于全方位构筑未成年人的司法保护体系，难以实现司法最大利益保障未成年人成长。2020年修订的《未成年人保护法》第一百零一条和《预防未成年人犯罪法》第七条都明确规定，应当由专门机构或者专门人员来负责办理涉及未成年人案件和预防未成年人犯罪工作。结合全州法院家事审判改革的成功经验，13家法院均成立有专门化的家事案件合议庭，且配套建立有专门的家事法庭，为形成上下统一的业务指导，将未成年人审判与家事审判融合发展，组建少年家事审判庭，是目前黔南州少年审判专门化建设最经济、便捷的选择。由于涉未成年人司法保护是综合性工作，为避免综合性事务牵扯有限的审判资源，配套建立统筹协调的少年法庭工作办公室，从宏观层面系统化谋划推进各项涉未成年人保护工作。

2. 打造专业化审判队伍

未成年人审判的特殊性需要配置专业性比较强的法官队伍。一是选拔条件具体化，单独制定适宜未成年人审判岗位的人员选任标准，综合考虑熟悉民事、刑事、行政审判复合型人选。二是在职培训课程需专门设计，未成年人审判工作需要接受专业青少年心理学、教育学、社会学以及辅导咨询等专业的技能培训，以综合素质提升保障办案效果，因此对法官在职培训，应单独设置综合性课程，拓展法官的综合能力，以胜任岗位工作。三是对从事未成年人审判工作的人员要单独制定考核指标，以考核督促法官及其他辅助人员更多地延伸审判职能，从利于未成年人成长出发，开展好审前和判后延伸工作。

3. 集中案件管理归口

案源问题一直是困扰未成年人审判工作发展的关键因素。一是建立"三审合一"集中审理机制，打破传统涉未成年人刑事案件的观念，实行未成年人审判的刑事、民事和行政"三审合一"。将涉未成年人案件与家事案件整合，统一归口到少年家事审判庭审理。二是明确涉未成年人案件类型。从最高人民法院对少年审判案件管辖范围来看，为均衡法院内部各审判庭工作量，少年家事审判庭主要集中审理与未成年人权益保护和犯罪预防关系密切的涉及未成年人的刑事、民事及行政诉讼案件和家事纠纷。

(三) 构建未成年人司法保护社会支持一体化机制

未成年人保护是一项综合性的系统工程，未成年人司法保护要坚持系统化思维，协同各方力量共同构建未成年人保护的大网络。

1. 审判与职能延伸一体化

未成年人保护司法理念要求法官积极主动地参与审判，并做好审判职能延伸服务保障工作。法院内部要建立未成年人案件审判辅助机制，设置调查保护室、心理辅导室、观护员室等，辅助开展审判延伸职能，实现未成年人审判工作的法律效果和社会效果相统一。

2. 构建社会支持协作一体化

坚持"未成年人权益最大化"目标导向，法院主动搭建"司法+"模式，全面构建社会化协作体系，汇聚合力织密未成年人保护网。

（1）司法+教育协作模式。充分发挥法治副校长作用，将未成年人司法保护端口前移，通过与学校联合开展"法治课题""模拟法庭""青少年普法教育基地"和典型案例发布等活动，加大青少年普法教育力度，强化未成年人的自我保护法律意识，从源头预防校园欺凌和青少年犯罪，维护校园这一方净土。

（2）"司法+家庭指导"模式。在审理涉未成年人案件中加强综合治理，在因家庭教育缺失、家长管教不当引发的案件中发出家庭教育令敦促家庭、家长依法履行监护教育职责。协同民政等相关部门落实好国家保障政策，构建充满爱心、自由和尊重的家庭教育模式。

（3）"司法+多元联动"模式。立足审判职能，加强与公安、检察、司法行政等部门、社会组织和团体的联动配合，实质化运行未成年人保护联席会议制度，形成未成年人保护多元联动织网保护大格局。

（4）"司法+社会治理"模式。进一步加强司法建议督促反馈工作，针对审判实践中发现的未成年人保护和犯罪预防的薄弱环节，有建设性地向有关部门或单位提出完善制度、改进管理的建议，促进完善社会治理体系。

【改革探索】

检视与探析：新时期少年审判机构的设置与完善

王慧勤　张汉元[*]

一、近况分析：当前我国少年司法审判的现状

一般而言，所谓少年司法制度，是为了治理和预防青少年违法犯罪而形成的一种与普通司法既有联系又有区别的法律制度。从内容上说，少年司法制度规定了对少年的不良行为和违法行为给予保护处理，对少年的犯罪行为进行检控、审理、处罚、矫正以及教育的原则、方法和程序等。而少年审判制度则是少年司法制度的核心制度，少年法庭也是少年司法系统的核心机构。我国的少年司法制度经过改革和发展，有了长足的进步。

（一）立法工作不断深入

少年司法制度的建设要高度重视立法工作，随着少年司法制度的深入发展，我国在对于少年的保护方面制定和颁布了一系列的法律法规，如1991年9月4日颁布实施的《未成年人保护法》、1991年1月26日最高人民法院印发的《关于办理少年刑事案件的若干规定（试行）》（已失效）、1999年6月28日通过的《预防未成年人犯罪法》以及修改

---

[*] 作者单位：河南省商丘市柘城县人民法院。

后的《刑事诉讼法》中均专门规定了针对未成年人的特殊刑事诉讼程序。

(二) 司法体系建设不断推进

近年来,随着相关法律的构建和完善,我国有关少年司法机构建设也在逐步完善。

1. 设立少年警察机构

1995年公安部出台了《公安机关办理未成年人违法犯罪案件的规定》,其中就规定了公安机关应当设立专门机构和人员专职处理少年犯罪案件,而且我国部分地区的公安机关已经有专门的少年警察机构,主要是专门办理少年犯罪案件、针对少年犯罪嫌疑人的专门预审组。

2. 推进专门的少年检察机关建设

最高人民检察院曾设立少年犯罪检察处。我国目前已经初步建立了少年检察机构体系,但这一体系的职能划分并不一致,各地有所不同。

3. 组建少年法庭

1984年11月,上海市长宁区人民法院成立全国第一个少年法庭,在这之后,少年法庭的形式不断变化。我国已经建立了多元化的少年法庭体系,其中包括少年刑事案件审判庭、少年刑事案件合议庭和少年综合案件审判庭等。少年综合案件审判庭是较为全面的法庭,只要涉及少年的案件,无论民事还是刑事,都被纳入管辖范围。

(三) 司法效果不断增强

我国少年审判机构从创立到创新、发展,审判职能不断扩大、审判理念逐渐明晰,逐步在刑事、家事审判方面积累了丰硕的经验和成果,相继进行了法庭教育、回访考察、圆桌审判、诉讼引导、社会调查等一系列制度创新,始终坚持"特殊、优先保护"的司法理念,全面落实"教育、感化、挽救"的方针、"教育为主、惩罚为辅"的原则并采取

"寓教于审"的工作方法。以促进未成年人健康成长为根本目的,各级人民法院依法公正高效审理了一批涉及未成年人的刑事、民事、行政案件,教育挽救了一批失足未成年人,有力保障了涉诉未成年人的合法权益。同时,我国少年审判机构坚持立足司法职能和主动延伸服务并举,探索出一条具有中国特色、法理与情理交融的少年审判之路,积累了一些可复制、可推广、可借鉴、可传播的宝贵经验,取得了良好的政治效果、法律效果和社会效果。

二、现实困境:少年审判机制存在的主要问题与缺陷

少年法庭在全国的普及和发展,使其在保护未成年人合法权益、治理犯罪等方面起着积极和重大的作用,积累了丰富经验。但是,由于我国少年司法体系还不够成熟,其发展和推进还面临诸多困难和问题。

(一)理论研究相对滞后,科研成果与司法实践应用有脱节的现象

在青少年法学研究与社会的需要方面,与少年法治建设的实践需要存在一定的差距,这使研究者更加深刻地认识到青少年法学研究既要立足于改革和法治建设的实践,认真地探讨少年司法中的种种矛盾,更要善于将其成果及时转化,直接作用于少年立法和司法。在制定《未成年人保护法》与《预防未成年人犯罪法》的过程中,充分证明了这一认识的正确性。但是,理论研究与少年司法实践相脱节的现象,仍然不同程度的存在,其具体为一些调查报告、学术论著无法问世,一些富有建设性的意见、建议和方案未能得到重视和采纳。

(二)立法方面略显不足,缺少独立的程序法和实体法

目前,我国已经制定并颁布实施了《未成年人保护法》和《预防未成年人犯罪法》等,其中既有针对未成年人的"家庭保护""学校保

护""社会保护"与"司法保护"的专章规定,更有预防未成年人犯罪、少年司法等方面一系列较为具体的规定,这些规定为未成年人设置了诸多法律保护屏障。但是,上述两部法律的基本内容过于笼统,在司法实践中部分内容不具有可操作性。分析造成这一问题的原因,就在于没有独立的程序法和实体法规定来保障其实施,如既没有独立的实体法明文规定罪名和相应的刑罚措施,也没有独立的程序法明文规定如何进行裁判。

(三)顶层设计有待完善,机制层面的配套推进还不到位

当前,我国少年审判机构设置模式多达六种,包括未成年人案件合议庭、未成年人刑事案件审判庭、青少年刑事案件审判庭、未成年人案件综合审判庭、少年家事审判庭(家事少年法庭)以及跨区域集中管辖的未成年人案件审判庭。全国上下四级法院中少年审判机构设置还很不健全,没有统一和自上而下的规划设计,最高人民法院负责指导全国少年审判工作的部门设置在民事审判第一庭之下,高级人民法院中仅部分建立独立了建制的少年审判庭,各中级人民法院、基层人民法院的少年法庭设置情况不一,不利于少年审判标准的树立和案件裁判的统一。另外,根据我国关于未成年人犯罪的"教育为主、惩罚为辅"原则以及"教育、感化、挽救"的方针,少年审判工作除传统的查明事实、审查证据和适用法律等程序外,还要坚持维护未成年人合法权益,促进其尽快回归社会。这种特殊性决定了少年审判需要进行大量的案外延伸工作,如庭审前的社会调查、社会观护、法律咨询,庭审过程中的社会调查员或适合成年人出庭、法庭教育,庭审后的心理疏导、回访、帮教等,这些大量的案外延伸工作由于难以被科学量化而未被完全纳入少年法庭法官的考核体系,造成了少年审判工作无法得到客观公正的评价,在一定程度上影响了少年法庭法官工作的积极性。

三、实现路径：构建我国少年司法审判机构的建议

我国少年法庭机制改革经过四十余年的实践积累，具有了进一步提升的基础和潜力。针对我国少年司法制度的现状，应从我国的历史文化传统和社会经济情况出发，从把握社会公众对少年司法的新要求、新期待出发，构建具有中国特色的少年司法审判机构，以推进我国少年司法制度的长足发展。

（一）立足审判实践，进一步完善少年司法审判理念

从少年审判的原则来看，如果将《刑事诉讼法》中的"坚持教育为主、惩罚为辅的原则"修改为"坚持寓教于审，惩教结合的原则"则更为合理。一是"教育为主、惩罚为辅"的表述不够准确。"教育为主、惩罚为辅"将教育与惩罚孤立、对立看待，没有体现两者之间的辩证统一关系，"惩罚"和"教育"究竟是"三七开"还是"二八开"、究竟应对大多数少年犯进行教育还是应对极少数少年犯进行惩罚，缺乏明确的指引。二是"教育为主、惩罚为辅"与"教育、感化、挽救"的意思前后矛盾，若法院坚持"教育为主、惩罚为辅"原则，在逻辑上就应该奉行"教育、感化、挽救、惩罚"的方针；如果法院奉行"教育、感化、挽救"的方针，在逻辑上就应坚持"寓教于审，惩教结合"的原则。因此，建议在"坚持寓教于审，惩教结合"的原则后，增设"增进未成年人的福利"之规定，以此明确"教育、感化、挽救、惩罚"方针和"寓教于审，惩教结合"原则是手段。

（二）依托法律、司法政策，逐步规范少年法庭的设置

建议在坚持少年审判机构多元化的基础上，逐步扩大独立建制少年法庭的范围，在中、基层人民法院均应设置独立建制的少年法庭，形成相对完整的少年司法审判体系。另外，在少年法庭的组织体系上，借鉴

美国、德国少年法院的设置，按照二审终审制的审级制度，根据少年审判工作的需要与可能，在中级人民法院、基层人民法院设立两级独立建制的少年法庭。其中，基层人民法院少年法庭可以打破行政区划界限，实行未成年人案件指定管辖和集中审判；中级人民法院少年法庭负责审理基层人民法院少年法庭的上诉案件，对基层人民法院少年法庭进行审判监督和业务指导。

（三）实行分类管理，建立和完善分案起诉、分案审判机制

一是建立分案起诉机制。在《刑事诉讼法》"未成年人刑事案件诉讼程序"一章中，应建立未成年人与成年人共同犯罪案件的分案机制。《刑事诉讼法》第二百八十条第二款规定了未成年人与成年人的分别关押、分别管理、分别教育机制，从条文着力在刑事诉讼各环节避免成年人对未成年人侵害，有效落实司法和行政机关仅对未成年人适用的特殊保护措施的内在逻辑思路分析，当然应进一步规定未成年人与成年人共同犯罪案件中的分案起诉、分案审判机制。从审判实践来看，未成年人与成年人非分案起诉、审判相应会造成以下不良后果：首先，不利于充分保障被告人的合法权益；其次，不利于创造适于未成年犯悔过自新的庭审氛围；最后，不利于对成年被告人犯罪行为的打击。建议将《刑事诉讼法》第二百八十条第二款修改为："对被拘留、逮捕、起诉、审判和执行刑罚的未成年人与成年人应当分别关押、分别管理、分别起诉、分别审判、分别教育。"

二是独立建制的少年法庭设立独立的案号。既然独立建制的少年法庭与法院其他审判庭的业务部门系平行关系，其审理的案件理应采用诸如"×少初字""×少终字"字样的独立案号，以示与刑庭的"刑"字号案号、民庭"民"字号和行政庭"行"字号案号的区别。其有利之处有三点：首先，方便立案庭划分少年法庭与刑庭、民庭、行政庭受理案件的管辖范围；其次，方便少年法庭和刑庭对未成年人与成年人共同

犯罪案件进行分案审理；最后，方便法院档案室将"少"字号案卷单独归类管理，落实未成年人轻罪犯罪记录封存制度。

（四）追求审判实效，建立符合少年法庭工作特点的审判业绩考评体系

参照刑事、民事、行政类法官评价体系，将少年法庭所做的社会调查、司法建议、法庭教育、心理疏导、回访安置等工作列为重要评估指标，从现有评估指标体系中抽取部分能够反映少年法庭审判质量、效率、效果的评估指标，与上述新设指标一体配置权重、折算分值，对少年法庭的工作绩效进行综合衡量、全面评价。对于少年法庭法官，要切实增强其应用型、复合型和协调型的司法能力，充分发挥绩效考核的激励和导向功能，切实提升少年审判法官的工作积极性、主动性和创新性，从而推动少年审判工作的深入发展。

四、结语

我国少年司法体制改革已经有三十多年的历史，虽然少年司法审判体系还存在一定的问题和不足，但相信在未来的发展过程中，在立法、行政、司法机关的积极参与以及全社会的共同努力下，我国的少年司法制度将实现全面的发展。

关于我国未成年人审判制度的几点思考

——少年审判工作的法律规范、工作重点及制度建设

杨 颖[*]

2020年12月24日,最高人民法院发布《关于加强新时代未成年人审判工作的意见》,对少年法庭的组织设置、审理案件范围、队伍建设等进行了具体规定。2021年5月14日,安徽省潜山市人民法院少年法庭举行揭牌仪式。安徽省潜山市人民法院少年法庭自揭牌以来,开展未成年人法治教育普法宣传活动一次,审理未成年人案件类型主要包括涉及子女抚养的离婚纠纷、侵权纠纷。结合审判工作实际,根据调查研究,本文从现行法律规范、审判工作重点及未成年人审判工作制度建设三个方面进行了以下思考。

一、未成年人审判工作的依据——维护权益规范体系化而预防、矫治犯罪规范较少

《最高人民法院关于加强新时代未成年人审判工作的意见》中指出,维护未成年人权益、预防和矫治未成年人犯罪是人民法院的重要职责。从上述意见中可以看出,加强新时代未成年人审判工作主要包括两方面内容,即维护权益和预防、矫治犯罪。通过搜索关键词"未成年

---

[*] 作者单位:安徽省潜山市人民法院。

人"，按照维护权益和预防、矫治犯罪两方面，本文对关于未成年人的法律及规范作出如表1所示的统计。

表1 关于未成年人的法律及规范

分类	内容	规范名称
预防犯罪	制度设计、政策原则	《预防未成年人犯罪法》
		《最高人民检察院关于认真贯彻执行〈中华人民共和国预防未成年人犯罪法〉的通知》
保护权益、预防犯罪	诉讼程序及实体规范	《刑法》
		《最高人民法院关于审理未成年人刑事案件具体应用法律若干问题的解释》
		《最高人民法院、最高人民检察院、公安部、司法部关于依法严惩利用未成年人实施黑恶势力犯罪的意见》
		《最高人民检察院关于对涉嫌盗窃的不满16周岁未成年人采取刑事拘留强制措施是否违法问题的批复》
		《未成年人刑事检察工作指引（试行）》
		《人民检察院办理未成年人刑事案件的规定》
	制度设计、政策原则	《最高人民法院关于加强新时代未成年人审判工作的意见》
		《中央综治委预防青少年违法犯罪工作领导小组、最高人民法院、最高人民检察院关于进一步建立和完善办理未成年人刑事案件配套工作体系的若干意见》
		《未成年犯管教所管理规定》
		《最高人民检察院关于加强新时代未成年人检察工作的意见》
		《最高人民检察院关于建立未成年人检察工作评价机制的意见（试行）》
		《最高人民检察院关于加强未成年人检察工作专业化建设的意见》
		《检察机关加强未成年人司法保护八项措施》
		《全国检察机关"检爱同行 共护未来"未成年人保护法律监督专项行动实施方案》
		《最高人民检察院关于进一步加强未成年人刑事检察工作的通知》
		《最高人民检察院关于认真开展未成年人犯罪案件检察工作的通知》

续表

分类	内容	规范名称
保护权益	诉讼程序及实体规范	《民法典》
		《未成年人学校保护规定》
		《未成年人节目管理规定》
		《未成年工特殊保护规定》
		《未成年人法律援助服务指引（试行）》
		《中国保监会关于父母为其未成年子女投保以死亡为给付保险金条件人身保险有关问题的通知》
		《最高人民法院、最高人民检察院、公安部、司法部关于依法惩治性侵害未成年人犯罪的意见》
		《最高人民法院、最高人民检察院、公安部、民政部关于依法处理监护人侵害未成年人权益行为若干问题的意见》
	制度设计、政策原则	《未成年人保护法》
		《国务院未成年人保护工作领导小组关于加强未成年人保护工作的意见》
	困难救助规范	《最高人民检察院关于全面加强未成年人国家司法救助工作的意见》
		《国务院办公厅关于加强和改进流浪未成年人救助保护工作的意见》
		《关于做好因突发事件影响造成监护缺失未成年人救助保护工作的意见》
	报告制度	《最高人民检察院、国家监察委员会、教育部、公安部、民政部、司法部、国家卫生健康委员会、中国共产主义青年团中央委员会、中华全国妇女联合会关于建立侵害未成年人案件强制报告制度的意见（试行）》

从表 1 中可以看出，我国目前关于未成年人的专门规定中，未成年人权益保护类的规范较多，包括政策原则、制度设计、诉讼程序及实体规范、困难未成年人救助规范及报告制度，且规定内容较为具体，而专门针对预防、矫治未成年人犯罪方面的制度较少，只有制度设计及政策原则。兼具未成年人权益保护与预防、矫治犯罪内容的规范重点也均在依法保障未成年被告人的权益上而非预防、矫治犯罪上。

在未成年人保护的制度设计上，主体方面明确了家庭、学校、社会、网络、政府、司法等多种保护主体，在诉讼程序方面针对未成年人作了具体详尽的规范，制度设计方面有针对困难未成年人专门的救助制度，也有涉及未成年人为被侵权人或受害人的预防报告制度。而关于未成年人预防、矫治犯罪的制度设计上，仅有一部专门性法律及最高人民检察院的一个专门性通知，无其他专门性规定，预防、矫治的主体方面较为明确，但诉讼程序方面侧重对于未成年人的保护，预防、矫治犯罪的具体诉讼程序规范缺失，针对受未成年人侵害的受害人的保护制度不足，同时缺乏预防报告制度的具体规定。在制度设计上，《预防未成年人犯罪法》规定了专门学校建设，但目前具体规定仍然缺乏，应在预防、矫治未成年人犯罪方面加强立法，以保障未成年人审判工作取得良好的效果。

二、未成年人审判工作重点

2021年4月29日，最高人民检察院印发的《全国检察机关"检爱同行 共护未来"未成年人保护法律监督专项行动实施方案》中明确了需重点解决的八个方面的突出问题，结合上述方案及审判实际，笔者认为人民法院关于未成年人审判工作的重点包括：（1）对不满法定刑事责任年龄而引发民事纠纷的未成年人建立特殊矫治制度，与专门学校进行对接联动，以帮助未成年人树立正确的价值观；（2）严格依法指派辩护律师、通知法定代理人到场、保护未成年人审判隐私、细化针对未成年人犯罪行为的量刑规范；结案时进行相关信息统计，以便开展针对涉未成年人案件的社会调查；（3）建立具体的联动报告制度，明确在审判中涉及未成年人的报告对象及报告内容；（4）对未成年人开展社会调查、法治教育、心理疏导、司法救助；（5）在审判程序中注重以案释法，培养法律意识。未成年人可能具有民事案件原告、民事案件被告、民事案件利益相关方（离婚纠纷涉及子女抚养问题）、刑事案件被告人、刑事案件受害人几种身份。仅就审判工作而言，相关实体、程序规范都较为成熟，相关研究文献也较多，但从保护未成年人权益以及预防、矫治犯罪的角度来看，诉讼程序中应增加对未成年人进行法治教育的内容，引导未成年人严格遵守法律以及学会运用法律武器维权。对于因未成年人未达法定刑事责任年龄而导致的民事纠纷，要建立专门的报告联动制度，对低龄违法尤其触犯《治安管理处罚法》的未成年人重点关注，必要时与专门学校进行联动，查明未成年人行为原因，由相关部门联合处理，防止未成年人发展为犯罪分子。针对预防、矫治未成年人犯罪规范较少的问题，应在审判实务中多多积累经验形成研究成果。

三、未成年人审判制度建设

为更好地开展未成年人审判工作，在诉讼流程上应针对未成年人当事人或利害关系人设置专门的流程规范。制度设计应围绕有利于开展案件审理以及延伸工作进行。

（一）涉及未成年人的案件应规定未成年人住所地或经常居住地专门管辖

未成年审判工作与普通案件审判的区别在于法院承担了包括社会调查、社会观护、心理疏导、法庭教育、家庭教育、司法救助、回访帮教等延伸工作内容，涉及未成年的案件如果不设置专门管辖，将可能导致案件由未成年人住所地以外的法院管辖，因而不便于开展上述延伸工作。因此，针对涉及未成年人的案件应设置专门的管辖制度，以未成年人住所地或经常居住地为管辖地，使社会调查等延伸工作得以落实。

（二）配置家事案件审判和刑事、行政案件审判专业审判员及相关专业人员

《最高人民法院关于加强新时代未成年人审判工作的意见》中要求各级法院设置专门审判庭或者专门合议庭审理涉及未成年人的民事、刑事、行政案件，且应当根据案件情况开展好社会调查、社会观护、心理疏导、法庭教育、家庭教育、司法救助、回访帮教等延伸工作，提升案件办理的法律效果和社会效果，也即未成年人审判工作承担了案件审理及延伸工作量的部分内容。

在日本，未成年人民事案件分为家事类案件和非家事类案件，家事类案件是指涉及未成年人监护权的行使、确认、保障、监督以及未成年人福利保护的案件，属于家事法院（家事裁判所）通过特别程序予以保护的范畴，非家事类案件是指其他普通的涉及未成年人的民事案件诸如非福利保护性侵权、普通财产性争议等非身份性争议，此类案件一般交由普通法院受理。同样，澳大利亚等其他国家在司法制度上也都有类似的设计，即将家事类未成年人案件与非家事类未成年人案件区别审判组织进行审理。可以看出，在未成年民事案件中，家事审判属于较为特殊的一类。对于我国的少年审判组织而言，因要求审判组织的固定性，少年法庭或少年审判团队里应包含家事审判经验丰富的民事法官、刑事法官以及行政法官，以期实现案件办理的法律效果。

在延伸工作方面，应对审判人员进行社会学、心理学方面有针对性的培训，且在程序上细化社会调查、社会观护、心理疏导、法庭教育、家庭教育、司法救助、回访帮助的流程性规定，法院可在诉讼中灵活地根据个案安排未成年人或未成年利害关系人接受专业的教育、心理咨询服务，以此协助解决纠纷。考虑到现实情况及司法成本，可以在全国范围内搭建统一的平台，由专业的机构为各地法院提供远程服务。

（三）针对不同的案件类型设置不同的程序

涉及未成年人的案件可以分为两类，即维护权益类及预防、矫治违法犯罪类。对所有涉及未成年人的案件采用"一刀切"的复杂审判流程会浪费大量司法资源，不利于提高司法效率，也不利于集中力量办理重点案件。因此，针对不同的案件类型在程序设置方面应有不同的侧重点。

第一，维护未成年人权益类案件应根据未成年人的利益能否被充分代表区分程序。《儿童权利公约》第三条规定，任何机构包括福利、司法、行政等机构对儿童作出的行动，都应该首先要考虑儿童最大利益。儿童利益最大化理念随着国家亲权的保护理念而形成和发展，业已成为各国少年司法制度健康有序发展的根基和未成年人保护的指导方针。虽然每一个未成年人都有要求获得利益最大化判断的权利，但如果此种要求能够在诉讼程序中被充分地代表，不因为未成年人心智孱弱而被忽视，那么普通程序的正常适用就可以满足其需求。在一般的涉及未成年人的案件中，如一般的校园伤害类案件、交通事故类案件、合同类案件，父母或其他监护人基于其关系能以未成年人利益最大化为出发点代表未成年人提出诉求发表意见，对此类案件无须设置过于复杂的流程，仅需在未成年人心理健康可能受影响时注意心理干预。而对于涉及未成年人的家事类案件中，往往存在监护人关注其本身利益而忽略、损害甚至牺牲未成年人利益的情况，对此类案件应设置独立的审理程序，从法律、心理、教育几个方面进行细致的评估，以实现对未成年人利益的最大保障。

第二，预防、矫治未成年人违法犯罪类案件应注重社会调查及与专门学校的对接制度建设。对于未成年人违法类案件，应注重社会调查以明晰未成人违法犯罪的成因，注重教育引导，必要时与专门学校对接，以引导、帮助其矫正不法行为，以期达到预防、矫治犯罪的效果。

（四）针对未成年人审判的特殊制度

未成年人审判包括案件审理工作和延伸工作两方面内容，延伸工作即为未成年人案件与其他类型案件的区别所在，必须配合特殊的制度完成工作内容。

1. 社会调查制度

《联合国少年司法最低限度标准规则》第16条规定，在主管当局作出裁判前，应对未成年人进行社会调查，以便主管当局了解未成年人的家庭和社会背景、教育经历等有关事实。低龄未成年人触法原因是复杂的，主管当局忽视其触法原因，直接按照触法行为的危害性进行裁判是不负责任的，社会调查可以反映出低龄触法未成年人的实际情况和触法原因。因此，在针对未成年人的诉讼程序中，应设置统一的社会调查规范，审判人员应依据规定流程对未成年人的家庭和社会背景、教育经历等有关事实进行调查，以分析违法原因，并达到矫正未成年人不法行为和刑罚个别化的目的。

萨瑟兰提出的差异解除理论认为，犯罪行为是在沟通过程中与他人互动习得的，学习的主要部分发生在亲密的个人群体中，学习的内容包括实施犯罪的技术和动机等。在针对未成年人违法行为的案件审理中，应建立未成年人违法行为成因统计分析制度，通过对全国未成年人违法相关因素（如社会关系、主观动因、作案手段、作案动机）进行统计分析，从根源上对导致未成年人违法的社会环境、家庭环境、学校环境出台具体针对性措施，以从根本上起到预防、矫治未成年人犯罪的作用。

2. 建立法院与专门学校的对接机制

为实现预防、矫治未成年人犯罪的目的，《预防未成年人犯罪法》提出了专门学校制度，且在第六条中将专门教育定性为"对有严重不良行为的未成年人进行教育和矫治的重要保护处分措施"。从办学定位看,专门学校具有"国家教育体系"与"少年司法体系"相结合的双重定位。作为审判机关,可在案件审理中对未成年人的行为是否为"严重不良行为"进行判断,并与专门学校建立对接制度。

《未成年人保护法》《预防未成年人犯罪法》的相继修订、少年法庭的建设对我国未成年人审判事业发展有巨大的推动作用,在法律规范及审判制度上均进行了系统性的调整,但具体细化方面仍有不足。人民法院应在党的领导下围绕维护未成年人合法权益和预防、矫治未成年人违法犯罪两个方面进行实践探索,积累经验,以完善中国特色少年司法制度。

关于新时期少年法庭专业化建设的思考

——以 L 法院司法实践为样本

安徽省合肥市庐江县人民法院

党的十九大以来，在深化司法体制综合配套改革、全面落实司法责任制的战略部署下，少年法庭工作面临新的挑战。尤其随着内设机构改革渐次开展，少年法庭出现机构调整、职能分化等新情况、新问题。面对新形势，如何坚持少年审判专业化发展方向和特色工作传承，是人民法院面临的重要挑战。下文以 L 法院少年法庭司法实践为样本，梳理当前少年法庭工作中存在的问题。

一、少年法庭发展现状

内设机构改革启动后，少年法庭工作面临新形势，以 L 法院为例，该院于 2021 年 4 月 1 日成立民事审判一庭（少年法庭），统筹少年法庭和家事审判改革工作，助推在各自相对独立的基础上相互促进、协调发展。案件受理范围包括：抚养纠纷类、变更抚养关系纠纷类、离婚纠纷中涉及子女抚养类、继承纠纷类、未成年人受侵害的侵权类等案件。人员组成安排是在民事审判一庭的人员中，确定由 3 名员额法官组成，同时兼顾选配相应人民陪审员参与涉及未成年人案件的审理，统一办理涉及未成年人的案件。

二、少年法庭工作面临的新问题、新挑战

(一) 少年审判专业化发展受挫

少年审判专业化是加强和改进少年法庭建设工作的基本方向，坚持少年审判专业化，就是要在司法改革背景下，坚持将涉未成年人案件全部交由专门的少年法庭审理，实现审判机构专门化。从 L 法院具体情况来看，内设机构改革后，该地法院少年法庭已基本实现未成年人案件审理集中化、办案机构专门化要求，但专业化发展面临挑战。少年审判专业团队除审理涉未成年人案件外，还办理普通民事案件，该院民一庭（少年法庭）自 2021 年 4 月 1 日起至 2021 年 8 月 31 日止，共收取案件 568 件，其中涉未成年人案件 228 件，仅占比 40.14%，非涉未成年人案件占用少年审判团队的大量精力。从案件集中审理情况看，该院打破涉未成年人案件综合审判模式，将涉未成年人刑事、民事案件拆分开，分别纳入刑庭、民庭办理。

(二) 特色工作推进乏力

少年司法旨在矫正、预防未成年人犯罪，全面保护未成年人合法权益，促进未成年人身心健康成长，这就决定了少年法庭除审理涉未成年人案件外，还要开展机制创新及司法延伸等特色工作。近年来，少年法庭积极推进社会调查、轻罪记录封存、社会观护、心理疏导及司法救助等工作，构建起社会各界广泛参与的少年司法工作体系。L 法院自成立少年法庭以来，多次开展"送法进校园""模拟法庭"等活动，效果颇佳。但推进社会调查、社会观护、心理疏导及司法救助等特色工作出现滑坡，如因案源分散，特色工作机制发挥空间不足；因人员减少、工作任务繁重，除承担少年法庭工作外，还办理其他案件，无暇顾及延伸工作。

此外，少年法庭独立性和话语权削弱，对外没有统一名称，与公安局、检察院、司法局及群众团体组织协同联动时出现诸多不便，挫伤了干警开展延伸工作的积极性，不利于辖区"政法一条龙""社会一条龙"工作机制的完善。

（三）条线业务归口不畅

内设机构改革后，L法院少年法庭并入民事审判一庭，除审理涉未成年人案件外，兼审理婚姻类案件、随机分案的其他类型案件，具体办案类型详见图1。从业务范围看，少年法庭受案范围不一致。刑事审判单独由刑庭办理。民事审判中，将涉未成年人权益保护的家事、物权、合同、不当得利、无因管理等案件全部纳入审理范围，还因平衡各庭案件量需要，将普通民事案件纳入少年法庭审理。上述情形导致少年法庭开展归口业务时，对象范围不清、业务边界不明，存在多头指导、交叉指导等问题。

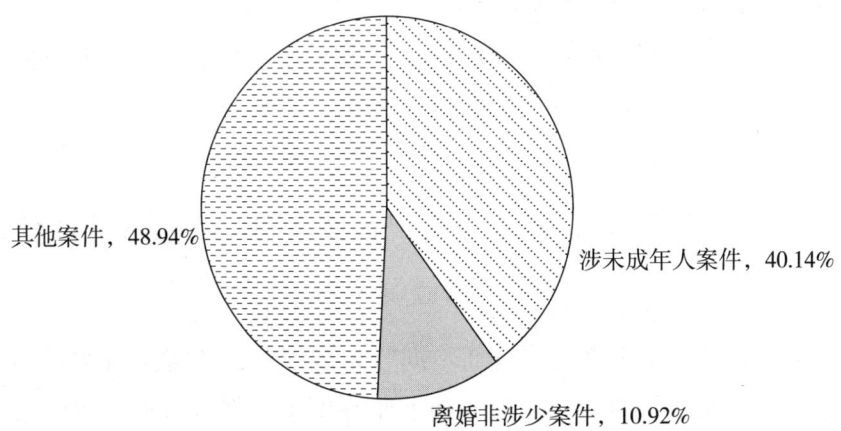

图1 内设机构改革后的具体办案类型占比

三、新时期加强少年法庭专业化建设的路径探索：少年、家事审判"合而不同"的发展模式

当前，L法院少年法庭面临的困难和挑战，充分显现出要平衡好机构精简与少年审判专业化之间的关系。少年司法制度是以适合未成年人身心发展特点和成长规律为遵循，以对未成年人进行特殊、优先保护为宗旨，以促进未成年人健康成长为目标的司法制度，与成人司法制度有显著不同。这就决定了少年审判在审判理念、审判对象、审理方式、裁判方法方面明显区别于普通成人审判，具有较强特殊性、专业性，应独立于其他审判部门。少年审判专业化是少年法庭必须坚守的底线，是少年法庭工作抵御各种风浪的"定海神针"。基于此，笔者认为，新时期加强少年法庭建设的关键是牢牢把握最高人民法院关于"少年法庭工作只能加强，不能削弱"的总体要求，坚持少年审判专业化发展方向，在内设机构改革背景下，加强少年、家事审判制度改革，在保持少年、家事审判各自相对独立的基础上，推动二者融合发展。少年、家事审判"合而不同"的发展模式是大势所趋，不但破解了当前少年审判专业化发展路径选择的难题，也有利于推动少年、家事审判协同发展、共同提高。

四、新时期少年、家事审判"合而不同"发展模式的框架设计

推进少年、家事审判"合而不同"发展模式，关键是科学谋划少年、家事审判组织架构，在此基础上厘清少年审判、家事审判受案范围，划定二者边界，保证组织架构合一模式下各自业务范围、人员配置、审判管理标准相对独立，为各自未来发展预留空间。

（一）组织架构

一方面要脚踏实地循序推进，另一方面也要有前瞻性，为未来工作

发展创造条件、预留空间。需要强调的是，高级人民法院作为最高人民法院的下一级法院和地方最高层级法院，发挥着承上启下的重要作用。中级人民法院在地方法院系统居于中坚地位，具有组织、推动辖区基层人民法院开展工作的便利和优势。因此，在当前形势下，坚持高、中级人民法院少年、家事审判专业化发展方向，对于稳定少年、家事审判工作具有十分重要的作用。因而，建议在高、中级人民法院均设立独立建制的少年家事审判庭，内设少年审判合议庭和家事审判合议庭，对外统一开展少年、家事审判工作。上述方案落实之前，应尽量保留少年法庭、家事审判庭独立建制，两庭可联合设立少年家事审判工作联席会议制度，定期召开会议，指导辖区法院开展少年、家事案件审判工作，统一裁判尺度，解决审判机制创新、平台搭建等方面的疑难问题，推动少年、家事审判特色工作发展。基层人民法院情况复杂，少年审判领域，建议有条件的法院设立独立建制的少年审判庭，条件不具备的应坚持由专门力量集中审理涉未成年人案件，即组建少年审判专业团队，集中审理辖区涉未成年人民事、刑事、行政案件，尽量将与未成年人权益保护无关的案件排除在少年审判专业团队审理之外，并在庭室名称上统一加挂少年法庭牌子，方便对外与公安局、检察院、司法局及群众团体组织协同联动。家事审判领域，建议有条件的法院组建家事审判专业团队集中审理家事案件。

此外，可在全县（区）范围实施"1+N"少年家事审判模式，即各基层人民法院成立一个少年家事审判庭，审理本辖区涉未成年人刑事、民事案件以及辖区（不含派出法庭）家事案件；各人民法庭分别成立一个少年家事合议庭，审理人民法庭辖区普通家事案件；各少年家事合议庭行政上隶属人民法庭，但接受少年家事审判庭业务指导，分享少年家事审判庭机制建设信息及平台资源。该模式既可避免出现少年家事审判庭案件数量过于庞大，影响其他审判部门案件分配和人员配置的状况，也有利于最大限度便利当事人诉讼，提高少年、家事审判工作质效,推进特色工作开展。下一步如果条件成熟,还可考虑在基层人民法院推动成立少年家事法院。

(二) 受案范围

少年法庭受案范围一直存在较大争议,各地做法不统一,尤其与家事审判边界如何划分,意见分歧较大,严重影响少年审判专业化发展。笔者认为,少年法庭受案范围应围绕中国少年司法价值追求展开。中国少年司法制度的价值目标是预防、矫治未成年人犯罪,最大限度地保护未成年人合法权益,呵护未成年人健康成长。因此,少年法庭受案范围应包括涉未成年人刑事、民事、行政案件,以最大限度发挥少年司法制度效用。

1. 涉未成年人刑事案件

具体包括:(1) 被告人实施被指控的犯罪时不满18周岁、人民法院立案时不满20周岁的案件;(2) 在校大学生犯罪案件且人民法院立案时被告人不满22周岁的犯罪案件;(3) 伤害、强奸、猥亵、拐卖、虐待、遗弃等侵犯未成年人人身权利的犯罪案件;(4) 上述刑事案件罪犯的减刑、假释、暂予监外执行、撤销缓刑等刑罚执行变更类案件;(5) 被害人为未成年人,或者实施行为时不满18周岁、人民法院立案时不满20周岁的被申请人依法不负刑事责任的精神病患者的强制医疗程序案件。

2. 涉未成年人民事案件

具体包括:(1) 一方或双方当事人为未成年人的人格权纠纷案件;(2) 涉及未成年人权益的婚姻家庭纠纷案件,如涉及未成年子女的离婚纠纷、婚姻无效纠纷、撤销婚姻纠纷、同居关系纠纷,以及抚养纠纷、收养关系纠纷、监护权纠纷、探望权纠纷、解除亲属关系或身份关系纠纷等;(3) 涉及未成年人权益的监护人责任纠纷,一方或双方当事人为未成年人的其他侵权责任纠纷案件;(4) 涉及未成年人权益的适用特殊程序案件，包括监护权特别程序案件（申请确定监护人、申请变更监护人、申请撤销监护人资格），宣告失踪、宣告死亡案件，认定公民无民事行为能力、限制民事行为能力案件；（5）涉及未成年人的人身保护令案件。

3. 当事人为未成年人的行政诉讼案件

从司法实践来看，多为未成年人不服行政机关行政处罚，诉至法院的行政诉讼案件。家事审判受案范围为涉未成年人合法权益保护以外的其他家事案件，具体包括婚约财产纠纷、离婚纠纷、离婚后财产纠纷、离婚后损害责任纠纷、婚姻无效纠纷、撤销婚姻纠纷、夫妻财产约定纠纷、同居关系纠纷、扶养纠纷、赡养纠纷、收养关系纠纷、分家析产纠纷、法定继承纠纷、遗嘱继承纠纷、被继承人债务清偿纠纷、遗赠纠纷、遗赠扶养协议纠纷等。

五、结语

未成年人司法保护事关国家和民族前途，事关亿万家庭幸福安宁，做好少年法庭工作使命光荣、责任重大。在当前司法改革背景下，少年法庭工作已走到改革的十字路口，正面临前所未有的困难和挑战。少年、家事审判"合而不同"的发展模式，是破解当前人民法院少年法庭改革发展困境的一道良策，期待大家能够顺应改革潮流，在新的历史时期建设好、运用好少年法庭，努力开创少年法庭工作新局面，推动未成年人司法保护工作再上新台阶。

人民法院关于涉罪未成年人
帮教制度的实践与探索

孙 健[*]

未成年人是国家的希望、民族的未来,健康成长更是关乎家庭幸福、社会和谐和民族复兴。近年来,涉未成年人刑事犯罪出现持续增长的趋势,面对未成年人犯罪频发化、低龄化这一引发广泛关注的社会现象,法律也及时作出了回应,《刑法修正案(十一)》对涉未成年人犯罪作出了两处修订:一是在特定情形和特别程序下,个别下调了最低刑事责任年龄;二是将收容教养修改为专门矫治教育,修改《刑法》和修订《预防未成年人犯罪法》同步推进,体现了我国对未成年人犯罪在立法上的理念更新,对未成年人进行分级矫治,惩罚与教育并重,既不"一罚了之",也不"一放了之"。

在立法发挥规范指引的同时,人民法院也应转变思想,公正审判的基础上,做好矫治教育和预防再犯罪工作,系统全面地抓好少年审判这一基础性工程,接受时代提出的新挑战,法院使命在肩、责无旁贷。未成年人由于心智不成熟、社会经历缺乏等原因,容易受到社会不良因素的引诱进而走上歧途,因此,简单的"一判了之"只能暂时解决眼前的问题,而不能实现预防再犯罪的目的。事实上,未成年人心智不成熟

---

[*] 作者单位:湖北省葛洲坝人民法院。

这一特点也反映了其可塑性更强，更能接受思想和法律教育，在对其犯罪进行惩治的同时加强法律和道德教育，更能实现改邪归正的立法宗旨。正是出于惩罚犯罪和矫治教育双管齐下的目的，涉罪未成年人帮教制度应运而生，并由人民检察院和人民法院等部门在实践中不断加以完善，使得帮教制度的内涵和外延也在不断细化和拓展。

一、涉罪未成年人帮教制度的概念

受国家亲权理论和少年福利保障等观念的影响，在开展少年保护同时也应运而生了一系列独立于传统刑事司法的未成年刑事司法机构和制度，旨在实现打击犯罪和挽救未成年人的双重目的。

在人民法院的审判实践中，涉罪未成年人帮教是指对犯罪时不满18周岁的未成年人在案件审理及执行过程中进行帮扶教育。未成年人帮教既针对判处有期徒刑、拘役的未成年人，也针对判处管制、适用缓刑或免予刑事处罚的未成年人，从物质层面和心理层面同时对其进行帮教，兼具惩罚性、矫治性和保护性，以期实现打击犯罪、教育未成年人和维护社会秩序的三重目的。

二、涉罪未成年人帮教制度的意义

探寻帮教制度的意义或许可以从未成年人犯罪的特点上来看。仅以葛洲坝人民法院（以下简称我院）受理的未成年人犯罪来看，自2020年1月1日起集中审理宜昌市城区7家检察院审查起诉的未成年人第一审刑事案件以来，案件数量持续增长，2021年上半年受理的案件数量就已与2020年全年数量持平。这些涉罪未成年人的家庭背景及受教育程度相似，多数为单亲家庭或留守家庭，学历多为初中及以下，受到社会不良诱惑而将兄弟义气曲解，易冲动遇事不考虑后果，而在犯罪行为发生后经教育却又十分悔恨，愿意接受刑事处罚。

持续增长的犯罪率表明未成年人犯罪已成为社会重视的话题，传统的单一惩罚并不能很好地预防再犯罪。涉罪未成年的家庭和教育、交友等因素表明对未成年人的帮教需要联合家庭、学校等从思想教育、法治教育等出发。对于涉罪未成年人来说，刑罚的最终目的不是惩罚，而在于挽救。如果法院仅依据相关犯罪事实和法律规定对其判决，但未能消除其再次走上犯罪道路的隐患，就不能有效制止未成年人踏上再犯罪的道路，这正是延伸庭审落实帮教制度的意义所在，即通过社会调查和与被告人沟通采取合适的帮教方式，帮助未成年罪犯解决物质上的困难，树立正确的价值观，使其在刑罚执行完毕后能再次接受学历教育或职业教育进而走好之后的人生道路。

三、涉罪未成年人帮教制度的实施现状及困境

针对未成年人犯罪，要始终秉持"教育、感化、挽救"的方针，坚持"教育为主、惩罚为辅"的原则，将帮教向前延伸、纵深推进。我院在集中管辖涉未成年人刑事案件以来，已经形成了以对未成年人工作有经验、有热心的固定团队为支撑，以《未成年人刑事案件审判工作细则（试行）》为指引的有针对性的帮教模式，包含庭前保护、法庭教育和庭后帮教三方面。

在受理案件后即针对未成年被告人的性格特点、家庭情况、受教育情况和社会交往情况等内容进行详尽调查，并在和被告人及其监护人沟通的过程中更真实地了解被告人，分析其走上犯罪道路的原因、对犯罪行为的认识及对未来的思考，在综合衡量未成年被告人的主观恶性、成长环境、教育背景、身心特点等诸多因素后，人民法院在作出罪责刑相适应的判决时也相应制定了与之相称的帮教措施。

法庭审理时优先选择有心理学、教育学等相关知识从业背景的陪审员担任合议庭成员并为未成年被告人提供心理咨询服务，对其进行心理疏导，消除未成年人紧张情绪，化解庭审矛盾，并在庭审结束后由合议庭对未成年被告人及其监护人进行法庭教育，预留时间和空间为需要的

未成年人被告人及其家庭提供心理测评和干预，为判后进行个性化矫治提供依据。宣判时进行法律释明和普法宣传，确保未成年被告人知法懂法不再违法。同时结合我院的审判实际，还将不断探索合适成年人制度，如聘请有一定工作经历和社会阅历的教师、关工委工作人员、离退休干部、人大代表、政协委员等担任合适成年人代替无法出庭的未成年被告人法定代理人参与诉讼，保障未成年被告人的诉讼权利。

在庭后帮教方面，除了档案专人管理、犯罪记录封存、司法建议书等共性措施外，还根据判决结果和被告人调查情况因人制定个性化的专门矫治措施，如针对在校未成年被告人，在法律许可的情形下对其适用缓刑，并与所在学校取得联系，确保被告人能继续接受文化教育同时加强法律知识的教育，并持续跟进被告人的情况，确保其能肃清朋友圈，走上正确的人生道路；针对适用缓刑且已经进入社会的未成年被告人，通过与其家庭、职业技校等联系，帮助未成年人学习职业技能，拥有一技之长，更好地回归社会，并定期回访，帮助解决生活中的困难，寻找合适的工作岗位，同时邀请其参加法治讲座，提升法律意识。针对被判处有期徒刑的被告人，为其和家属会见提供条件，消除心理障碍，同时为被告人提供法律书籍，保障其学习法律知识的途径，与未成年犯管教所保持定期联系，掌握未成年罪犯情况。

随着司法理念的不断提升，司法工作人员的素质和能力也在不断进步，对未成年人的保护也越发重视和严密。但受限于法院的单一职能以及工作压力，人民法院能够做到的仅仅是审判和教育，未能真正解决困扰未成年罪犯的生活难题，也未能消除其心理上的障碍，仍存在一定的再犯可能性。

造成这一困境的原因有以下几个方面。

一是司法理念问题。传统司法理念中刑罚的主要目的和功能是打击犯罪，更强调惩罚功能，司法人员也将大量的时间和精力放在了案件的审理和判决上，希望做到审理公正、量刑平衡，在这一思想指引下，审判人员只能将有限的精力更多地投入案件的判决中而非对未成年被告人的教育上。

二是具体规定问题。目前针对涉罪未成年人帮教并未出台明确的法律规定，缺乏具体操作规范，在实践中仍取决于各个地区甚至各个法院的重视程度。未成年人的健康成长需要教育、民政等各部门共同配合，但这一协作既无法律上的规定，实践中也存在操作困境。如何协调各部门职责，形成最大合力保障未成年人成长仍需不断探索。

三是专业团队问题。帮教的目的在于消除未成年人犯罪的物质和心理因素。无论是从未成年人犯罪的成因出发还是考虑到帮教制度的意义所在，一个运转有效的帮教团队必须具备法律、教育、心理等专业背景或者是学科交叉人才，而人民法院工作人员受限于专业背景单一，不可能仅凭一己之力组建这样一个专业的团队。

四是机制的可持续性问题。目前人民法院的帮教工作更多是依靠工作人员的工作热情和责任心，效果自然也是因人而异的。随着案件数量的增长，如何在精力有限的条件下保持帮教的可持续性对工作人员提出了更高的挑战。

面对这些问题，有些法院的应对措施也值得我们借鉴学习，如广州市中级人民法院联合教育、新闻、社会团体等共同开展行动，吸纳社会爱心人士力量充实到队伍中来，开展庭前庭后的跟踪帮教工作；佛山市中级人民法院则联合青年志愿者协会等对未成年罪犯进行"一对一"跟踪帮教；深圳市宝安区人民法院联合爱心企业成立未成年人教育基地，为未成年罪犯提供职业能力培训和就业岗位。这些措施均是结合了各地的经济、社会情况实施的，人民法院也可以结合所在地区的优势条件采取相匹配的措施，如高校较多的地区可以发挥大学生和高校教师资源，这些都为我们后续的工作拓宽了思路。

四、涉罪未成年人帮教制度的进一步探索

2021年1月20日，最高人民法院发布了《关于加强新时代未成年

人审判工作的意见》（以下简称《意见》）。《意见》的出台也是立足于未成年人成长环境出现的新特点，指出了人民法院在保护未成年人合法权益方面如何更好地发挥审判职能作用。一是严格公正司法，妥善审理涉及未成年人的各类案件；二是深化司法改革，强化专业化审判；三是充分履行职能，做好延伸工作；四是加强协作配合，形成有效合力。《意见》为人民法院帮教工作的开展也提供了新的思考方向。

　　结合集中管辖以来的工作经历，笔者对涉未成年人帮教制度的发展也有了进一步的思索。

　　一是转变思想认识，提升理念。在一个法治的社会里，用人性化的执法理念关怀未成年人，是现代司法文明的标志。与传统地强调惩罚功能相比，对涉罪未成年人应是惩罚犯罪与教育矫正并重，兼顾保护性和挽救性，从而实现社会秩序保护和未成年人复归社会的双重目的。《预防未成年人犯罪法》首次对未成年人实施的"不良行为"和"严重不良行为"进行了界定，并相应提出了干预矫治措施。这一分级干预的理念也应为帮教制度所吸收，以未成年人的犯罪行为、刑罚方式等为分级标准，综合未成年人的主观恶性、成长环境、教育背景等多方面因素，采取与其相称的心理健康教育、道德法治教育、职业技术教育等措施，以分层次、多元化实现有针对性矫治，确保顺利复归社会。

　　二是明确立法规范，细化流程。理念是行为的先导，正确适用帮教制度的前提是全面厘清帮教制度的设立背景、实施目的、基本原则和适用对象等内容，即在正确司法理念的指引下，还需要立法予以明确和支撑。我国现行法律对涉罪未成年人帮教制度仅有原则性规定，而无具体操作规范，虽然为各地区的实践留出了自由发挥的空间，但对于这样一项需要各部门协作的制度，若无具体法律规定或者部门牵头，工作难以顺利开展，因此建议对帮教制度出台指导性操作规范，或者地区牵头成立协作体系、制定协作章程，明确部门间职责以及帮教对象、主体、流程等方面内容，确保帮教工作能够顺利展开。

三是组建专门团队，配备人才。未成年人走上犯罪道路的原因复杂，其中涉及了教育、心理、物质等各方面，为了使未成年人顺利回归社会，就需要对这些问题一一化解。同时，未成年人正处于心理敏感阶段，不适当的帮教行为容易引起未成年人反感，产生相反的帮教效果，这些都对帮教团队提出了更高的要求，不仅需要热心未成年人保护、有未成年人工作经验，还需要具备心理、教育、法律等专业型、复合型人才。我国《社区矫正法》中规定社区矫正机构、司法所可以通过公开择优购买服务或者委托社会组织执行项目等方式，对社区矫正对象开展教育活动。社区矫正机构、司法所根据需要可以采用集中教育、网上培训、实地参观等多种形式开展集体教育；组织社区矫正对象参加法治、道德等方面的教育活动；根据社区矫正对象的心理健康状况，对其开展心理健康教育、实施心理辅导。这一制度对涉罪未成年人帮教有着启发意义和借鉴作用。目前，许多地区也正在探索通过政府购买社会服务等方式，这一方式有利于保障矫治的标准化和专业化，推动未成年人帮教措施有效落实。政府购买服务可以弥补国家投入和人员的不足，无论是未成年犯管教所还是社区矫正机构，其人员都是基本固定，而成人犯罪和未成年人犯罪则呈现不断增长的趋势，通过购买服务可以灵活应对这种供给不平衡的状况，同时通过政府购买服务，将原来的执行机构转变为监督机构，由专门团队提供专业服务，有利于保障服务质量。当然，任何事物的存在都有着利弊两方面，政府购买服务也存在腐败风险以及专业人才匮乏、监督不力等风险，需要加以防范。我国政府购买服务起步较晚，在吸收优秀经验的基础上仍有很长的路要走。

四是调动社会力量，形成合力。营造适合未成年人成长的社会环境不是任何一个单一部门可以做到的，最高人民法院在《意见》中明确提出未成年人保护工作是一项复杂的社会工程，需要家庭、学校、社会组织、企业单位、司法和政府联动发力。人民法院将加强与有关方面的配合，积极构建分工明确、体系严密的未成年人权益保护和犯罪预防体系机制，共同保障未成年人健康成长。具体到涉罪未成年人的帮教工作，需要法院与公安、检察、教育、民政、司法行政等各部门以及群团组织形成协作机制。构想中的帮教机制应当是公安机关做好涉罪未成年人的社会调查报告，检察院全程监督，人民法院在作出判决时应当与被告人共同制定帮教措施并根据措施与司法部门的未成年犯管教所、社区矫正管理机构等部门进行衔接。同时，根据情况由教育部门等辅助保障受教育权利和职业技能学习，并发动心理咨询师组建心理咨询团队，为涉罪未成年人提供定期的心理咨询，联合图书馆为未成年提供图书资源，与大学等建立合作，利用师生力量，使帮教固定人员和灵活人员相互补充，发挥积极性，最大限度利用好社会资源，在全社会营造关爱未成年人的良好氛围。

未来涉罪未成年人帮教制度的发展方向是司法化、中立化、专业化和整体化，建立起契合涉罪未成年人身心特点、运转规范、程序正当、功能多元的专门矫治机制。不同部门之间分工负责、互相配合、相互制约，既包括前期的犯罪预防，通过法治教育提升未成年人自身、家庭、学校乃至社会的保护意识，将犯罪扼杀在萌芽阶段，也包括中期的司法审判，更要重视后期的帮扶、教育、矫治，对未成年罪犯进行跟踪、区别、分开矫治，并加强总结宣传，通过审理一案，教育一片，向纵深推进。

未成年人犯罪新动向和延伸帮教新举措

河南省安阳市汤阴县人民法院

一、未成年人犯罪的现状

2016年安阳市汤阴县人民法院（以下简称本院）受理未成年人犯罪14人，占同期犯罪人数2.4%；2017年本院受理未成年人犯罪13人，占同期犯罪人数1.4%；2018年本院受理未成年人犯罪23人，占同期犯罪人数3.02%；2019年本院受理未成年人犯罪12人，占同期犯罪人数1.99%；2020年本院受理未成年人犯罪24人，占同期犯罪人数4.34%。2016年至2020年本院受理的未成年人案中，涉财案件44人，占54.32%；寻衅滋事案件15人，占17.44%；故意伤害案件5人，占5.81%；聚众斗殴案件5人，占5.81%；抢劫罪7人，占8.14%；其他案件10人，占11.62%。其中，73名未成年人被告人为高中以下文化程度，且仅有4人为在校生，余者无业。

二、未成年人犯罪的新动向

（一）犯罪年龄进一步低龄化

2016年未成年人犯罪被告人平均年龄为17岁，2017年未成年人犯罪被告人平均年龄为16.5岁，2018年未成年人犯罪被告人平均年龄为

15.9 岁，2019 年未成年人犯罪被告人平均年龄为 16.5 岁，2020 年未成年人犯罪被告人平均年龄为 15.6 岁。2016 年至 2020 年的 86 名未成年被告人中，18 岁的有 3 人，17 岁的有 38 人，16 岁的有 38 人，15 岁的有 4 人，15 岁以下的有 3 人，呈现犯罪低龄化趋势。

（二）严重暴力犯罪、恶性犯罪增多

近年来，在未成年人犯罪中，出现故意伤害、抢劫、聚众斗殴、寻衅滋事、非法拘禁等严重暴力犯罪，犯罪手段疯狂，作案不计后果，恶性犯罪案件增多，导致社会危害性加大。

在本院 2018 年审理的未成年被告人李某等 4 人聚众斗殴罪、盗窃罪、抢劫罪案中，被告人李某以暴力、威胁等方式，以收取"保护费""借钱"等名义，向在校学生王某、杜某等多人每周强行索要 50 元不等的钱财，后因汤阴县某中学生因琐事与他人发生争执找李某帮忙打架，李某安排卢某等 10 名在校生携带木棍、水果刀等凶器冲入该校某班教室内发生斗殴，致使两名学生受伤，损伤程度属重伤二级。

（三）作案方式日趋成人化、智能化

未成年人犯罪手段出现了由简单化、随意化向成人化、智能化发展的趋势，大多作案前有预谋，对作案时间、地点、犯罪对象、犯罪分工等都有比较周密策划，作案手段隐蔽，有的还利用网络、手机等先进通信工具进行犯罪。

例如，在本院 2019 年审理的未成年被告人黄某、易某诈骗罪、侵犯公民个人信息案中，黄某、易某均系宜某晟网络科技信息有限公司职员，黄某在"E 贷宗师""筋斗云""趣易购 365""一佰购物"平台实施诈骗，个人诈骗被害人既遂金额共计 240518 元；非法获取被害人于某等 87 人京东购物订单、淘宝购物订单、通讯录、通话记录共计 99143 条个人信息。易某在"趣易购 365"平台实施诈骗，个人诈骗被害人既遂金额共计1275元，未遂金额共计2250元；非法获取被害人任某等7人京东购物订单、淘宝购物订单、通讯录、通话记录共计16931条个人信息。

又如，在本院2020年审理的未成年被告人王某、张某诈骗罪案中，被告人王某、张某冒充年轻女性，使用互联网社交软件，以异性交友手段获取被害人信任，虚构自己经营微信小程序优惠券商城收入较高的虚假事实，以低投入、高收入引诱被害人搭建微信小程序商城。在被害人反馈商城无法运营后，再由公司的人员冒充客服人员，以代办工商营业执照、关联好友粉丝、微信认证等名目继续骗取被害人钱财，所骗赃款按照各自分工进行比例分成。

（四）由单个犯罪走向团伙犯罪

由于未成年人体力智力都未发育成熟，独立性差，喜欢结伙聚群玩耍，若与有不良行为的人或有犯罪行为的人混在一起，就很容易被感染，结成犯罪团伙，团伙成员一般不固定，属松散型，随时纠合共同犯罪。这些人在作案时，相互壮胆、相互逞强，其危害程度往往在作案过程中逐步升级。正如一位法律工作者所讲的，青少年犯罪时一个人犯罪胆小如鼠，两个人犯罪气壮如牛，三个人犯罪无法无天。在2016—2020年本院已审结的未成年人犯罪案件中，二人以上共同犯罪的占24.24%以上。

例如，在本院2020年审理的未成年被告人郭某等4人盗窃罪案中，被告人郭某多次纠集肖某、刘某、张某等人经事先预谋、明确分工，到汤阴县某村潘某家门口盗窃钢模板、钢管、顶丝等材料，并将盗窃所得物品全部卖给汤阴县某废品收购站曹某处。

又如，在本院2020年审理的未成年被告人崔某等人盗窃罪、寻衅滋事罪案中，被告人崔某、余某、胡某伙同他人窜至汤阴县某村工地，多次盗窃铁质护栏。被告人崔某、张某、胡某、余某在汤阴县某娱乐场所内，因琐事与被害人杜某、李某发生争吵，继而发生打架，在打架过程中崔某等人用酒瓶对杜某、李某等人进行殴打，致杜某、李某头面部等处受伤。经鉴定，杜某的损伤程度属轻伤二级、李某的损伤程度属轻微伤。

（五）网络在诱发未成年人犯罪要素中的权重加大

在未成年人犯罪中，盗窃、诈骗、抢劫等侵财类案件，多是因为不少被告人整天沉溺于网络游戏，而自己又没有收入来源，或在网吧结识一些"狐朋狗友"，在不良因素引诱下，实施偷、抢等犯罪行为。

例如，在本院 2020 年审理的未成年被告人张某盗窃罪案中，张某的父亲忙于务工无暇顾及对张某的管教，张某小学三年级辍学，平时爱上网、抽烟，但家庭贫困，自己又没有经济来源，致使走上犯罪道路。张某先后 9 次在汤阴县韩庄镇大黄村被害人申某经营的烟酒店内盗窃香烟，被盗香烟价值共计 3549 元。

（六）黑社会犯罪初具苗头

在家庭和学校生活中，一些学习成绩差而又较为敏感的未成年人，或者因自信心受到打击又较少获得家长或学校和老师正面关注的未成年人，容易产生自暴自弃的逆反心理，最终发展成为所谓的"边缘少年"或"问题少年"。而这些未成年人在渴望友情和归属感的心理状态下，很容易加入或被拉入犯罪组织。有些犯罪组织正是利用了这一心理，诱使他们加入小团体甚至黑社会性质组织，让他们从学校中的"边缘化群体"变为社会上的"边缘化少年"，最后成为"问题少年"和黑恶组织的成员。

例如，在本院 2018 年审理的未成年被告人田某等人参加黑社会性质组织罪、协助组织卖淫罪、寻衅滋事罪案中，聂某纠集田某等多人在安阳市区域逞强争霸，不断树立组织的强势地位，通过长期操控涉黄组织、替人镇场、摆平事端、非法讨债、插手干涉拆迁、采取暴力威胁等手段有组织地实施卖淫、聚众斗殴、寻衅滋事、故意伤害、非法拘禁等一系列违法犯罪活动，获取经济利益，形成以聂某为组织、领导者，以田某、肖某等多人为其他参加者的黑社会性质组织。该犯罪组织在安阳市区域为非作歹、称霸一方，严重破坏了当地正常的经济、社会生活秩序。其间，为组织卖淫活动，田某等人多次在安阳、石家庄招募、运送、看管卖淫女。宋某等人在安阳市文峰区某娱乐场所门口和被害人蒋某发生口角冲突，田某等人拦截蒋某的汽车，后手持棒球棍，将蒋某的汽车前挡风玻璃砸碎，并对蒋某等人进行殴打。经鉴定，蒋某、杨某等人的损伤程度属轻微伤。

三、未成年人犯罪的诱因

（一）社会不良风气及文化影响

社会转型期，一切向"钱"看、哥们义气、铺张浪费、好逸恶劳等不良风气对未成年人的思想产生很大影响，扭曲异化了部分未成年人的价值观，误导了他们的行为方式，刺激了他们的犯罪欲望，有的甚至直接成为他们模仿的对象，加之未成年人尚未形成成熟的世界观、人生观、价值观，不良文化的影响也极易诱发犯罪，在已审结的案件中，不少未成年人最初只是跟朋友一起"玩玩"，然后发展到盗窃，再发展到抢劫、故意伤害、聚众斗殴、非法拘禁等暴力犯罪。

（二）互联网的影响

互联网的虚拟性和隐蔽性，导致部分未成年人道德和法治观念的弱化。在已审结的案件中，长期沉迷于网吧是诱发抢劫、抢夺和盗窃等财产型犯罪的催化剂，同时由于互联网的管理相对失范，网络上充斥的大量暴力、色情等不良信息，给未成年人的身心健康造成严重的负面影响，使得他们极易产生心理偏差，导致暴力犯罪、性犯罪等多种犯罪的发生。

（三）心理因素影响

未成年人情绪波动性大，易冲动，易偏激，自我控制能力差，可能为满足自己的需要而不计后果采取简单粗暴的方法向有关当事人实施攻击或进行报复。

（四）家庭环境和家庭教育影响

司法实践和有关资料统计表明，放任型、溺爱型、粗暴型、残缺型的家庭容易使孩子产生思想偏差从而走上违法犯罪道路。一些家庭往往侧重于满足孩子的物质需求、身体健康和学习成绩，而忽视了精神需求和健全人格的培养，家庭教育存在偏差及片面化教育情况较为严重。在已审结的案件中，还有不少被告人因各种原因过早辍学，待业在家无所事事，整天混迹于网吧、歌厅等场所寻找乐趣，加之文化程度低，鉴别能力差，极易走上犯罪道路。

（五）单亲家庭对未成年人犯罪也有很大影响

从已审理的案件看，不少未成年人来自单亲家庭，这些未成年人因缺乏正常家庭应有的温暖和关爱，心灵容易受到创伤，人格和行为容易受到扭曲，影响他们的社会适应，在此情况下，对一些外来的精神"抚慰"则欣然接受，加上心理尚未成熟，社会经验不足，从而极易受到外人的引诱而误入歧途。

（六）忽视法治教育，导致法律知识匮乏、法治观念淡薄、法治意识薄弱

未成年人不懂得自己行为的法律意义、产生的法律后果和应承担的

法律责任,因而冲动地实施犯罪行为。未成年人法律知识的匮乏程度令人深忧。

四、少年法庭庭审教育的重要意义

未成年人犯罪问题是一个系统工程。随着《未成年人保护法》《预防未成年人犯罪法》及最高人民法院、最高人民检察院一系列司法解释和规范性文件的颁布,未成年人犯罪问题的法律和司法机制得到完善,对保护未成年人合法权益,惩治、预防未成年人犯罪具有重大法律意义和现实意义。对未成年人犯罪应该本着教育为本、预防为主、惩罚为辅的原则。学校、家庭、社会必须联动起来,加强未成年人的法治教育、思想道德教育,让他们树立正确的世界观、人生观、价值观、道德观,同时创造健康良好的家庭环境、社会环境和文化精神环境。

法庭教育是未成年人刑事案件审判方式的重要标志。众所周知,针对未成年被告人的心理、生理特点进行审理是少年法庭重要的工作方法。法庭教育是中国特色的少年司法制度的重要体现。青少年是国家的未来,在造就一大批为国家建设所用的人才时,对那些暂时"掉队"的失足少年,国家并未弃而置之,社会并未撒手不管,而是通过各种途径和方法,"像医生对待病人、像老师对待学生、像家长对待子女"一样对待,这正是我国少年司法制度的优越性所在。

法庭教育是寓教于审的重要环节。少年法庭审理未成年人刑事案件,除要查清被指控的犯罪事实外,更重要的是要贯彻党和国家教育挽救失足青少年的一系列方针政策。因此,办理每一起未成年人刑事案件,相应的教育挽救工作便伴随案件的整个审判过程。法庭教育有以下特点:一是教育的主体最集中,有公诉人、辩护人、法定代理人,有少年法庭的合议庭成员;二是教育的内容最丰富,各教育者从不同的角度对失足少年进行多层次、多方位的教育;三是教育的时间最合适,在法庭审理这样的特殊时间、特殊场合进行教育，易被失足少年所接受；四是教育的特征最明显，法庭教育时，审判长明确宣布进行法庭教育，各方人员以失足少年为对象进行教育，明显区别于一般场合下的教育。所以法庭教育是整个教育挽救过程中最重要的一环。

五、未成年人犯罪延伸帮教新举措

（一）定期回访考察，延伸教育环节

判后帮教工作对于巩固未成年罪犯的改造成果，降低重新犯罪率，保障他们的权益具有重要作用。本院少年庭针对未成年人的判后帮教工作，专门设立了定期回访考察制度，即对判处刑罚、免刑的未成年罪犯，根据其判处的刑期、缓刑考验期等情况，分别设定每月、每半年等期限定期或不定期地回访考察，并逐一建立回访档案。对符合复学条件的未成年人，判决生效后，法官主动到学校做复学工作，积极创造条件，帮助未成年人重返校园，继续完成学业；对判处非监禁刑的未成年罪犯，定期回访了解，为他们答疑解惑，发现并纠正他们的不当习惯和不良行为，增强其自律意识和法治意识；对判后就近关押的轻刑犯，不定期地到看守所、监狱回访，同时考虑到未成年罪犯的可塑性大，根据案件具体情况向刑罚执行机关发出执行建议，建议他们对未成年罪犯与一般成年罪犯区别对待，对他们采取单独关押、加大心理咨询与教育力度、柔性化管理等措施，更好地促使未成年罪犯洗心革面，重新做人。为保证回访考察效果，少年法庭对涉少案件的承办法官还设定了以下硬性要求。

一是做到"三个见面"，即与管教单位见面，与家长见面，与社区矫正人员或者学校教师见面，多方面了解未成年人判后改造、日常表现等情况，努力为他们创造一个有利于改过自新的外部环境。

二是做到"四个一"，即见一次面、谈一次话、送一份小礼物、许

下一个承诺。与未成年罪犯见面并谈心，采用交朋友式的谈话方式，相互平等地谈心交心，谈话中注重帮其挖根源、论危害、记教训、促悔改。向未成年罪犯送一件小礼品，礼品包括一本法律书、一个笔记本、一支笔，其寓意是：送法律书是督促其学法、知法、守法；送笔记本和笔是督促其书写学习心得、记录改造历程，放下包袱，轻装前行。许下一个承诺，就是要求这些失足未成年人作出保证，表示今后一定遵纪守法，不再违法犯罪。

三是教导未成年人做到"三个远离"。在回访考察工作中，法官要循循教导失足未成年人，引导其远离容易诱发再违法犯罪的活动场所，如网吧、酒吧等地点；远离经常玩耍瞎混、无端寻衅滋事的社会青年、"小兄弟"；远离聚众斗殴、帮凶打架、寻仇伤害、结伙掠财、寻找刺激等违法活动，引导其树立正确的人生观、价值观，为其自身创造一个干净、健康的成长环境。

在少年庭审理的董某寻衅滋事案中，法官了解到董某家庭条件较差，全家四口人，母亲常年有病，仅靠其父亲在外打工挣钱，其本人辍学在家后好逸恶劳、整天游手好闲、不务正业，与社会上的不良青年混到一起，找事打架，寻衅滋事，最终走上犯罪的道路。法官结合其自身特点，联合村委会干部、家长等多方力量与其谈心交流，做思想工作，使其认识到自己的错误，认罪服法，后法院对其判处缓刑。判决后，法官两次到董某家中了解其思想状态，鼓励其自力更生，勇敢面对新生活，并根据其实际情况多方联系，在汤阴县某快递公司为其找到一份工作，让其自食其力，回归社会。

（二）依托预防未成年人犯罪教育基地，深化法律知识教育

2013年8月，本院建成全省法院系统第一家预防未成年人犯罪教育基地，用以向广大青少年普及法律知识。多年来，本院以该预防未成年人犯罪教育基地为依托，进一步扩展该基地的帮教功能，由法官带领

失足和问题未成年人以及他们的家长共同参观教育基地,学习法律知识,并结合基地中的典型反面案例及其自身事例对其警示、教育,使未成年人对犯罪有更加深刻的认识。同时,法官还引领其参与教育基地内的"求法认规"的抽签小游戏以及"知识大转盘""法律知识竞猜答题"等趣味法律活动,增强未成年人学习法律的兴趣,给未成年人带去阳光、趣味,以及健康、快乐、向上的力量,让他们更好地反思自己的行为,在学习与游戏中知规矩、守纪律、识法律。

李某系一名刚满16周岁的青年人,因为父母常年在外地打工,对其缺乏管教,而祖父母对其又过于溺爱,导致李某过早辍学和一帮"狐朋狗友"整天混在一起,后李某因盗窃被本院判处缓刑。判决后,少年庭法官领着李某及其父母参观了本院的预防未成年人犯罪教育基地,结合其自身案件和他人的反面典型案例教育李某知法、懂法、守法,并教育李某父母生活中多关心孩子、多沟通、多交流。半年后,当法官带着书籍再次前往李某家中回访时,看到了李某在其生活日记中写下了这样一段话:"是法官让我感受到了温暖,也体会到了父母的关心,是他们用爱挽救了我。"阅读着李某用心记录的点滴感悟和心得,法官看到了一个积极向上的健康青年。

(三) 搭建网络沟通平台,创新帮教方式

对于判处缓刑、免刑以及因未达到刑事责任年龄不追究刑事责任的"问题少年",为了能更好地对他们及时进行跟踪、帮教,本院除了采取传统的面对面沟通、帮教方式外,还创新工作方式方法,根据未成年人的身心特点和社会交际方式,设立专门的QQ群、微信群,将失足未成年人加入该交流群中,法官定期或不定期将一些法律知识、法理故事、身边的案例启示等法治教育内容传入群中,对其进行帮教。针对一些未成年人不愿与法官见面沟通、害怕被人注视的心理特点,法官借助QQ、微信等网络聊天工具,在线与未成年人交流、谈心、释法答疑,帮助他们打开心结、回归社会，同时指导他们以正确的方式去解决、处理日常生活中遇到的困惑、问题及矛盾，教育、引导他们树立正确的人生观、价值观。

王某曾因沉迷网游而实施盗窃，被判缓刑。法官们在判后回访中发现他不爱讲话，遂根据他的性格特点，用网络聊天工具在线与他交流、谈心。经过一个多月的努力，王某的心扉彻底打开，对法官的建议也能认真听取，性格也变得开朗了许多，最后，在思想疏通、情绪稳定的情况下，王某重新走上了工作岗位。

（四）多管齐下，实施联合帮教

由于未成年人正处于成长期，其性格可塑性大，如仅靠法院一家的工作较难达到理想的帮教效果，且因未成年人受家庭、学校、社会影响大，一旦放松对他们的帮教，极有可能使他们再次误入歧途。为此，本院在定期回访考察的基础上与失足未成年人的家长、单位或学校、社区等部门凝聚帮教合力，并联合共青团、民政、关工委等部门对其帮教、考察，联合多方面、多部门的力量组成一张帮教大网，全方位对失足未成年人进行帮教，引导其健康成长。

在帮教过程中，法官发现部分未成年人学历不高、没有工作，整天无所事事，如果仅对其进行语言上的帮教，很难达到较好的帮教效果。为此，本院对于这些失足的未成年人，针对每个人的实际情况，帮助指导他们继续学业或学习一门技艺，或与政府相关部门联系，向未成年人推荐就业岗位和职业技能培训，引导未成年人自食其力，走上正途。

少年强则国强，少年智则国智。未成年人的帮教工作不仅是对审判工作的延续，更是关系成长中的"问题少年"能否重回正常人生轨迹的大事，对国家的长治久安，对社会的和谐稳定，对家庭的幸福快乐，有着巨大的影响和意义。本院将继续加大少年审判工作的改革和创新，不断总结和学习先进的少年审判工作经验，充分利用社会各个方面的力量，将本院的少审工作做细做实，努力实现少年审判工作的帮教全方位、关爱无止境。

结合《刑法修正案（十一）》增设独立刑浅析猥亵儿童罪司法认定及量刑若干问题

刘梦秋[*]

儿童健康成长关乎每个家庭的幸福安宁，关乎全社会的和谐稳定。习近平总书记指出，全社会都要了解少年儿童、尊重少年儿童、关心少年儿童、服务少年儿童，为少年儿童提供良好社会环境。对损害少年儿童权益、破坏少年儿童身心健康的言行，要坚决防止和依法打击。[①] 猥亵儿童犯罪具有极大的社会危害性，严重突破法律和道德底线，对儿童健康成长造成严重危害。

一、猥亵儿童罪概况及立法必要性

（一）猥亵儿童罪的概念及侵犯的法益

1. 猥亵儿童罪的概念及法律规定

猥亵儿童罪，是指猥亵不满14周岁儿童的行为。2020年《刑法修正案（十一）》对猥亵儿童罪增设了独立的法定刑，并设置了四种应处五年以上有期徒刑的情形。

---

[*] 作者单位：湖北省武汉市江汉区人民法院。
[①] 参见《从小积极培育和践行社会主义核心价值观》，载《人民日报》2014年5月31日。

《刑法》第二百三十七条第三款规定:"猥亵儿童的,处五年以下有期徒刑;有下列情形之一的,处五年以上有期徒刑:(一)猥亵儿童多人或者多次的;(二)聚众猥亵儿童的,或者在公共场所当众猥亵儿童,情节恶劣的;(三)造成儿童伤害或者其他严重后果的;(四)猥亵手段恶劣或者有其他恶劣情节的。"

2. 猥亵儿童罪侵犯的法益

猥亵儿童罪侵犯的法益是儿童的人格、名誉和身心健康。该罪严重侵犯儿童的人身权利,特别是儿童的性权利。行为人为达到自己性刺激、性满足的目的,对儿童实施的猥亵行为,严重损害儿童的身心健康和人格尊严。该罪具有严重的社会危害性。儿童的身心发育皆不完善,行为人对儿童实施的猥亵行为会给儿童造成巨大的心理阴影和创伤,甚至会对儿童的性格、人格塑造产生巨大的影响,有些极端的案例会导致儿童自闭、抑郁、精神病甚至自杀等极其严重的后果。

(二)猥亵儿童罪独立成条的立法必要性

在《刑法修正案(十一)》实施之前,猥亵儿童罪的规定是在《刑法》第二百三十七条第三款,依附于强制猥亵罪的规定,对其刑事处罚也仅是依照前两款的规定从重处罚。《刑法修正案(十一)》实施后,该罪虽然没有独立成条,但是增设了独立的法定刑,这在立法上是一个极大的进步。

笔者认为,猥亵儿童罪和强制猥亵罪在犯罪的主观方面和客观行为的认定上均有较大差异,应该独立成条。

1. 从犯罪的客观方面分析

司法实践中认为,猥亵行为一般表现为抠摸、搂抱、鸡奸、舌舐、手淫等。随着网络的发展,猥亵的行为认定有了新问题。例如,行为人胁迫他人与自己进行淫秽视频、裸聊等行为,也认定为强制猥亵。但在认定猥亵儿童的行为时,与强制猥亵他人有极大的不同。(1)如果被害人是男童,则行为人对男童实施的性交行为,也应认定为猥亵儿童罪。妇女猥亵幼男的行为就包括性交行为。(2)与儿童一起观看淫秽图片、视频,要求儿童在网络上传裸照、淫秽视频,在司法实践中也认定为猥亵儿童罪。而与儿童之外的他人一起观看淫秽图片、视频,或者要求他人上传裸体图片、视频等,则不一定构成犯罪。(3)由于儿童对性的认识和辨别能力较差,法律并不要求行为人对儿童实施暴力、胁迫或者其他方法。即不论儿童是否自愿,也不论儿童是否进行了反抗,只要行为人实施了猥亵儿童的行为,就构成猥亵儿童罪,应该被追究刑事责任。

因此,为了最大限度保护儿童的合法权益和身心健康,法律应对猥亵儿童的行为进行明确的界定。

2. 从犯罪的主观方面分析

强制猥亵罪要求该罪的主观方面是直接故意,并且具有性刺激、性满足的目的。猥亵儿童罪依附于该罪,也即猥亵儿童罪的构成在主观上也应具有性刺激、性满足的目的。但笔者认为,猥亵儿童罪不是目的犯,而是行为犯。不论行为人出于什么目的实施了猥亵儿童的行为,都构成猥亵儿童罪。例如,A对B不满14周岁的孩子实施了猥亵行为,B为了报复A,也对A不满14周岁的孩子实施了相同的猥亵行为,此时B并不具有满足性刺激的主观故意,但其行为依然成立猥亵儿童罪。因此,在司法实践中无须判断行为人的主观目的,有证据证实行为人实施了猥亵行为就足以定罪。

综上所述,笔者认为,立法应对猥亵儿童罪的相关问题予以明确,单独成条并进行相应的司法解释,才有利于正确把握该罪的认定,从严从重打击该犯罪行为。

二、猥亵儿童罪在司法实践中存在的情形

(一) 网络隔空猥亵的认定

案例1：2017年1月，被告人骆某以虚假身份，通过QQ软件将被害人陈某某（2003年7月30日出生）加为好友，之后通过QQ聊天的方式对陈某某进行言语威胁及恐吓，向陈某某索要裸照，陈某某被迫按照骆某要求自拍裸照十张并通过QQ软件向骆某传送。不久以后，骆某又以在网络上公布陈某某裸照的方式相威胁，要求与陈某某在外开房，实施口交等猥亵行为。陈某某向公安机关报案，公安机关布控将依约前往开房的骆某抓获。

该案一审认定被告人骆某构成猥亵儿童罪（未遂），判处有期徒刑一年。公诉机关提出抗诉后，二审支持了抗诉意见，认定被告人骆某构成猥亵儿童罪（既遂），改判有期徒刑二年。

该案的争议焦点在于，被告人骆某强迫被害人按照要求自拍裸照并通过网络发送，其以非直接接触的方式实施猥亵行为是否构成猥亵儿童罪，且该犯罪是否达到既遂状态。一审法院认为被告人要求被害人通过网络隔空发送裸照的行为不属于猥亵儿童，其要求与陈某某开房未果的行为，构成猥亵儿童罪（未遂）。二审生效裁判认为，被告人骆某采取言语威胁的方式，强迫被害人陈某某按照其要求自拍裸照，并将裸照通过QQ软件向其传送的事实属实。被告人骆某以寻求刺激、满足性欲为目的，通过网络聊天对被害人进行言语威胁，强迫被害人按照其要求自拍不雅照片供其观看，其借助被害人自身将威胁犯罪行为实施完毕，已构成猥亵儿童罪，且属犯罪既遂。

该案例入选2018年11月18日最高人民检察院发布的第十一批指导性案例（检例第43号）。最高人民检察院对二审裁判结果予以认可，肯定了对网络隔空猥亵行为进行刑事处罚的该当性，确定了此种新型猥

亵行为与传统的直接接触猥亵行为具有相同的性质和社会危害性。

随着网络的快速发展，利用网络实施犯罪的案例越来越多。网络具有虚拟性、隔空性和隐蔽性等特征，利用网络猥亵儿童是一种非直接接触的新型猥亵犯罪，与传统猥亵犯罪相比，具有更强的隐蔽性和便利性。儿童接触网络逐渐低龄化，所遭受的网络风险也不断加大。目前利用网络对儿童实施猥亵犯罪主要有三种类型：哄骗、胁迫儿童上传裸体照片、淫秽视频；与儿童进行视频裸聊；在网络聊天时拍摄儿童裸体照片或视频以此威胁实施线下猥亵。笔者认为，即使行为人没有满足性刺激的目的，只要利用网络实施了猥亵行为，就已经侵犯了儿童的身心健康和人格尊严，应当构成猥亵儿童罪。

（二）对于公共场所的认定

案例2：2011年夏至2012年10月，被告人齐某在担任班主任期间，利用午休、晚自习及宿舍查寝等机会，在学校办公室、教室、澡堂、男生宿舍等处多次对被害人女童A（10岁）、B（10岁）实施奸淫、猥亵，并以带A女童外出看病为由，将其带回家中强奸。齐某还在女生集体宿舍等地多次猥亵被害女童C（11岁）、D（11）岁、E（10岁），猥亵被害女童F（11岁）、G（11岁）各一次。

该案争议的焦点有两个：一是仅凭被害人陈述、证人证言等言词证据，能否确定被告人构成犯罪？二是在学校教室、宿舍、浴室等场所实施猥亵，能否认定为"在公共场所当众"猥亵？

该案二审终审认定被告人齐某犯强奸罪、猥亵儿童罪，分别判处有期徒刑六年、四年六个月。最高人民法院经过再审，以上述二罪分别判处被告人无期徒刑、有期徒刑十年。本文着重讨论第二个争议焦点。

抗诉机关认为，司法实践中已将教室这种相对封闭的场所认定为公共场所，本案中女生宿舍是20多人的集体宿舍，和教室一样属于校园的重要组成部分，具有相对涉众性、公开性，应当属公共场所。被告人齐某在熄灯后进入女生集体宿舍，当时就寝人数较多，床铺之间没有遮挡，其猥亵行为易被同寝他人所感知，符合"当众"的要求。最高人民法院支持了检察机关的该抗诉意见。

该案入选最高人民检察院第十一批指导性案例（检例第 42 号），确认了行为人在教室、集体宿舍等场所实施猥亵行为，只要当时有多人在场，即使在场人员未实际看到，也应当认定犯罪行为是在"公共场所当众"实施。

《刑法》并未对公共场所进行明确界定。最高人民法院、最高人民检察院在 2013 年出台了《关于办理利用信息网络实施诽谤等刑事案件适用法律若干问题的解释》，规定网络空间属于公共场所。根据最高人民法院、最高人民检察院、公安部、司法部 2013 年发布的《关于依法惩治性侵害未成年人犯罪的意见》，在校园、游泳馆、儿童游乐场等公共场所对未成年人实施强奸、猥亵犯罪，只要有其他多人在场，不论在场人员是否实际看到，均认定为在公共场所"当众"强奸妇女，强制猥亵、侮辱妇女，猥亵儿童。

在上述案例中，法院将集体宿舍、公共厕所、集体浴室这类私密性的场所明确认定为公共场所。由此可见，基于严厉打击猥亵儿童犯罪的刑事政策的需要，司法机关对公共场所进行了扩大解释，将带有私密性的公共空间解释成为公共场所，因为这类场所也具有不特定人群出入、停留的特征，既有私密性也带有一定的公共性，这种扩大解释是对公共场所通常含义的扩张，并没有超出公共场所可能具有的含义，也符合大众的认知，不属于违反罪刑法定原则的类推解释。

（三）如何认定"猥亵手段恶劣或者有其他恶劣情节"

猥亵儿童罪对"猥亵手段恶劣或者有其他恶劣情节的"处五年以上有期徒刑。"有其他恶劣情节"属于兜底条款，但目前没有司法解释或司法指导性文件对"猥亵手段恶劣"和"其他恶劣情节"作出明确的规定。司法实践中对此如何认定，直接影响行为人的行为定性和量刑档次，立法应对此予以完善。

三、猥亵儿童罪的量刑

猥亵儿童罪不属于自 2021 年 7 月 1 日起实施的《最高人民法院、最高人民检察院关于常见犯罪的量刑指导意见（试行）》中的罪名，故不适用该指导意见，因此法院在对该罪量刑时的自由裁量权较大，易造成实践中该罪量刑不均衡的现象。

针对司法实践中一些常见情形，结合《刑法修正案（十一）》的相关规定，笔者提出以下观点。

（一）充分发挥指导性案例的作用

最高人民法院、最高人民检察院应发布更多的指导性案例。司法实践过程中由于不同法官对法条、法理的理解不同，易导致定罪量刑上的分歧，从而作出不同的判决。最高人民法院、最高人民检察院的指导性案例具有很强的导向作用。比如，本文引用的"骆某猥亵儿童案""齐某强奸、猥亵儿童案"均是最高人民检察院 2018 年 11 月发布的指导性案例，对网络隔空猥亵和"公共场所当众"进行了确认。这些指导性案例的公布，使法检机关对相关问题形成统一认识，减少错判率、抗诉率和同案不同判的情形。

（二）对具体情形的量刑建议

笔者已在前述中分析了司法实践中如何对"猥亵"、"公共场所"以及"猥亵手段恶劣或者有其他恶劣情节"进行认定。这些情节均对定罪量刑有较大影响，尤其是"公共场所"和"猥亵手段恶劣或者有其他恶劣情节"的认定，直接影响是否对行为人判处五年以上有期徒刑。不同类型的猥亵行为所造成的法益侵害程度是存在差异的，具体到每个案件影响量刑的情节非常多，本文着重讨论根据法益遭受侵害的具体程度判定如何量刑。

1. 强制型的猥亵行为对法益的侵害程度一般高于非强制型的猥亵行为

猥亵儿童罪的构成不要求行为人具有强制这一要素，但是强制型的猥亵违背了受害儿童的意志，对儿童性自主权和人格尊严的侵害更加严重，在侵害程度上显然要重于非强制型的猥亵。因此在同等条件下，对强制型猥亵的量刑应重于非强制型猥亵。

2. 身体接触型猥亵行为侵害的法益一般大于非接触型猥亵行为

非接触型猥亵行为通常分为近距离非接触型猥亵和网络隔空猥亵。无论从法益侵害的角度，还是从危害后果的角度来说，有身体接触的猥亵一般都重于非接触型猥亵，在量刑上应当有所区分。

而近距离非接触的猥亵，比如向儿童露阴、做淫秽动作等，通常情况下对法益的侵害程度要重于网络隔空猥亵。一般来说，在量刑的时候，网络猥亵行为的量刑不得重于传统的猥亵行为。其一，从受害人的角度来说，与身体接触型的传统猥亵行为相比，网络猥亵行为对受害人性自主权和羞耻心的侵害程度要小一些，受害人所遭受的精神痛苦一般也要小一些；其二，从加害人的角度来说，网络猥亵行为的罪恶程度一般弱于传统猥亵行为；其三，从社会的角度来说，传统猥亵行为的隐秘性更强、发现难度更大，对受害人的身心健康造成的损害也更大，应当列为重点打击对象，值得予以更为严厉的惩罚。

通过上述，猥亵儿童行为的法益侵害程度排序是：身体接触型强制猥亵>近距离非身体接触型强制猥亵>网络隔空强制猥亵>身体接触型非强制猥亵>近距离非身体接触型非强制猥亵>网络隔空非强制猥亵。在"骆某猥亵儿童案"和"齐某强奸、猥亵儿童案"中，骆某被判处有期徒刑二年，齐某犯猥亵儿童罪被判处有期徒刑十年，也可印证网络隔空猥亵在量刑上显著轻于身体接触型猥亵。但如果网络隔空猥亵行为属于上文已分析的"其他恶劣情节的",则另当别论。

3. 狭义的"公共场所当众"侵害的法益大于广义的"公共场所当众"侵害的法益

狭义的公共场所即指广场、商场、公园、车站等符合《公共场所管理条例》规定的场所,广义的公共场所还包括上文已表述的教室、集体宿舍、公共浴室等兼具一定公共性的隐秘场所。从法益侵害程度来看,在狭义的公共场所实施猥亵行为对法益的侵害程度,重于在广义的公共场所实施猥亵行为。对于故意让公众看到的公然猥亵行为的处罚要重于公众通过听觉才能感知到的猥亵行为的处罚。

四、结语

猥亵儿童犯罪不仅侵犯了受害儿童的身心健康和人格尊严,更严重影响了他们树立正确的世界观、人生观、价值观和家庭伦理观,具有极其严重的危害。对该类犯罪从严从重处罚,既是打击犯罪的需要,也是社会公众的呼声。因此,明确猥亵儿童罪的犯罪构成,构建司法适用的统一标准,是具有现实重要性和必要性的。但是,从严打击不是制止猥亵儿童犯罪的根本,预防才是保护儿童合法权益的良药。要做好儿童保护工作,仍然需要社会各界的共同参与,家庭、学校、有关部门应当各司其职、各负其责,依托法律,束以道德,广泛凝聚共识,激发全社会的参与热情,形成对儿童保护的合围之势,为儿童健康成长保驾护航。

从被害人角度看未成年人校园暴力犯罪

罗 伟[*]

正如德国犯罪学家汉斯·冯·亨蒂所说"被害人在犯罪与预防犯罪的过程中，不只是一个被动的客体，而是一个积极的主体"。要解决或者预防犯罪，不能只从犯罪人角度去研究犯罪的原因，提出相应的对策，还应该从被害人的角度去分析被害原因提出相应的防卫对策。未成年学生普遍具有自控能力差、容易冲动、心智不成熟的特点，这些特点并不只存在于侵害人身上，被害人身上也存在这些特点甚至被害人还表现得更明显。所以从被害人研究校园暴力犯罪是有必要的，对校园暴力犯罪的防治是具有重大意义的。

一、从被害人角度对犯罪的划分

从被害人角度分析犯罪问题，应该确认一个前提——加害人与被害人之间存在某种互动关系。从被害人与加害人的人际关系角度研究被害人在犯罪中的作用，就是研究被害人与加害人在具体的人际关系、具体的交往过程中的相互作用，进而从特殊的角度揭示犯罪发生的过程和方式。根据被害人在整个犯罪过程中与加害人的互动关系，大致可将犯罪分为如下几类。

---

[*] 作者单位：湖北省天门市人民法院。

一是被害人完全无辜的犯罪。此类犯罪中被害人不存在任何过错，属于加害人随机挑选的加害对象。加害人与被害人之间并没有任何情感或者利益上的冲突，加害人只是为了满足自身的利益需求或者填补自身精神上的空虚，甚至只是因为自身的某种心理上的偏好。被害人在这类犯罪中的角色，可能是一个无辜的路人。

二是被害人可利用的犯罪。此类犯罪中被害人与加害人之间也没有任何冲突，只不过是被害人无意的行为、生活方式、性格、衣着等让加害人产生嫉妒、觊觎等不良思想，继而引起犯罪。被害人的一些个人特性成为加害人实施犯罪行为的诱发因素，但是被害人对这些能引起加害人注意的特性并没有在意，在整个犯罪过程中加害人是主动的，被害人则是被动的，被害人在法律或者道德上没有任何过错。

三是由被害人与加害人之间的冲突引起的犯罪。人们在长时间一起工作、学习、生活过程中，或多或少会产生矛盾，如果长时间得不到解决，相互间的怨恨就会越积越深，最终导致犯罪结果。这类犯罪中被害人本身存在一些或大或小的过错，又与加害人缺少必要的沟通，进而使得自己的言语、行为等外在表现成为加害人的犯罪诱因。双方的角色可能会发生反复的易位，可能存在双方相互侵害，同是被害人和侵害人的现象。在这种模式下，无法分辨究竟哪一方最先引起了矛盾，被害人对于自身的被害应当承担一定的责任。

四是被害人催化的犯罪。在这类犯罪中，加害人在实施犯罪行为之前先受到了来自受害人在精神、身体或者利益上的伤害，两者之间也存在角色交换的关系。被害人的先行为可能是不道德的，也可能是不法的，而加害人多出于报复或者替他人"出气"的心理。在现实生活中，人们往往会同情或者支持加害人，并与法律所追求的价值相反，如果处理不当，往往会造成更为严重的社会后果。

二、未成年人校园暴力犯罪中被害人的被害性分析

根据上述分类，结合相关的未成年人校园暴力案例，可以看出以上

犯罪类型都可以在校园暴力犯罪中找到。

(一) 被害人完全无辜的未成年校园暴力犯罪

案例1：15岁的张某和14岁的曾某、李某、刘某，都曾是禄劝县某中学同班同学，几人关系很好。后来，张某、曾某相继辍学，李某转到昆明市一所学校读书，而刘某仍留在了原来的学校。张某虽然辍学，但经常以"老大"的身份，要求刘某等人在原来学校里的某班内收取"保护费"。为此，刘某常将刀具带到学校，而收到的"保护费"都用于给张某交电话费。2014年5月4日14时，张某叫上刘某等3人带着刀具来到某中学，拦住过路的学生，拿刀威胁、殴打并抢劫。从当日14时到17时，3人共抢劫11名学生，抢得280元。在抢劫过程中，张某叫人用自己的手机将他们殴打学生的过程进行拍照。抢劫后，张某带着大家用抢到的钱上网、吃饭。当晚，张某还将殴打、抢劫其中3名学生的照片发到QQ空间进行炫耀。

禄劝县人民法院法官了解到，张某自幼父母离异，跟随父亲生活，父亲平时工作较忙，与他沟通较少。张某性格内向，爱上网玩游戏，不喜欢学习，初一就辍学在家。经社区调查评估，张某不符合社区矫正条件。而其他3人有一定的家庭管教条件，符合社区矫正的条件。法院审理后认为，4人均系未成年人，但已达14岁的抢劫罪刑事责任年龄，所以几人构成犯罪，但可以从轻处罚。其中张某是主犯，结合其监管条件及社区不愿配合家长对其实施监管等实际，决定对其不适用缓刑。法院作出判决：判处张某有期徒刑三年六个月，处罚金二千元；其他3人均处缓刑，并处罚金各二千元。

本案中的被害人与加害人之间并不认识，被害人处于完全被动的地位，且发生的地点是在学校中。在这种类型的犯罪中，被害人自身的作用基本没有，较多的原因出现在加害人身上，学校的管理漏洞也成为犯罪行为得以发生的重要因素。值得注意的是，这类犯罪中的加害人可能受到网络影视暴力文化、教育缺失等不良因素的影响，常形成团伙甚至类似黑社会性质组织，作案对象则多以较易下手的学生为主。另外，一些被害人在面对加害人时，选择激烈反抗，以致受到更重的伤害；还有一些被害人害怕加害人打击报复，不敢向家长、老师反映，因而多次沦为被害人；另一些被害人则是在被害后，选择加入类似团伙一方面求自保，另一方面可满足自身经济或者精神上的需要。由于成年人和法律对此类加害人的威慑作用较大，加之学校安全措施日臻完善等，此类案件的发生比例不高。

（二）被害人可利用的未成年人校园暴力犯罪

案例2：2016年2月12日下午，因为叶某邀请女同学余某睿观看了一场电影，引起江某不满；江某与余某民、余某平于2月12日15时许，在汾口镇一施工工地对叶某实施殴打，并由汪某拍摄视频，经江某上传至QQ空间后被转发。此案已立案侦查，犯罪嫌疑人江某、余某民、余某平已被刑事拘留，叶某正在医院接受治疗。

本案中被害人的行为在无意中刺激了加害人的情感，使加害人产生妒意，进而引起犯罪的发生。类似的事件在青少年之间时常发生，上升到犯罪的程度也有不少。青少年由于自控力较差，对男女感情的认识不成熟，加之生活环境等因素的影响容易发生类似情形。此外，青少年由于成长环境、家庭条件不同导致生活方式、行事风格不同，一些学生在学校的集体生活中不可避免会产生攀比、自卑、嫉妒等心理，如这些负面心理因素得不到正确的引导就会演化成犯罪动机，相对来说由此引发的财产犯罪较多，且被害人对加害人的心态并不了解，进而疏于防范。青少年因心智尚未成熟，在人际交往中不在乎他人的感受，不考虑言行可能会引起的效果，因此造成此类犯罪时有发生。

(三) 由被害人与加害人之间的冲突引起的未成年人校园暴力犯罪

案例3：2014年9月18日下午，被告人张某（男，2000年4月17日出生）因被害人申某某在暑假期间借了其刀子未归还，到马鞍山九年义务制学校内停车棚处，破坏申某某的自行车进行报复，被申某某发现。申某某踢了张某一脚，张某随即从裤包内摸出一把水果刀刺中申某某的左前胸部位，后申某某被学校老师送往资阳市人民医院住院治疗。

本案中被害人在事前就与加害人存在矛盾，在加害人准备破坏其自行车时，又对加害人实施了侵害行为，随后在冲突过程中被害，双方角色发生互换。在本案中可以明显看到，被害人在整个冲突过程中，对矛盾的升级起到了加速作用。此外，被害人在冲突中，对加害人可能实施的报复行为没有合理认识，以致自己受伤。

校园是一个集体生活的场所，青少年由于涉世不深、交往能力不足，常因为日常生活中的小事发生冲突，冲突发生后又缺乏一个可以帮助合理解决的场所，因此常常以暴力方式去解决矛盾，致使冲突扩大，造成严重后果。可以说，这类犯罪在校园暴力犯罪中所占的比例最高，在冲突升级的过程中，被害人与加害人都起到了刺激作用，被害人同时又是加害人，而学校、家庭对青少年之间日常小矛盾忽略，没有合理引导解决，则进一步为冲突升级提供了可能。此外，随着我国互联网的迅速发展，青少年因网络游戏、交友而引发的冲突迅速增多，网络上发生的冲突具有隐秘性，家长和学校很难掌握，因而很容易导致冲突升级引起犯罪。

(四) 被害人催化的校园暴力犯罪

案例4：被告人马某在唐山市丰南区职教中心上学期间因认为多次遭同班同学田某某欺负，心生不满。2013年6月3日上午，被告人马某事先购买了折叠刀,当日 11 时许返回学校,在校内钳工实习车间的西北角找到田某某,用事先准备的折叠刀连续朝田某某胸、腹部扎刺数刀,致其心脏破裂、心脏功能障碍死亡。

本案中,被害人事前曾多次对加害人实施侵害行为,被害人对被害结果的发生可以说完全没有预料。加害人则基于愤怒和报复心理,未采取合理维护自身权益的方式,最终导致不幸后果的发生。

三、可采用的被害预防措施

(一) 社会预防

1. 学校可采取的措施

针对被害人完全无辜的犯罪和被害人催化的犯罪,应采取四项措施:首先,学校应建立起有保障的安全保卫措施,如聘请专业的保安,与当地治安管理部门保持必要的联系,在校园内建立必要的监控网等;其次,要有针对性地对学校可能形成团伙的"问题学生"进行教育,引导其价值意识,并与学生家庭保持良好的沟通,必要时可以对"问题学生"单独教育;再次,应鼓励学生对这种团伙检举揭发,并对举报学生给予必要的保护;最后,要加强学生的安全教育,增强学生的危机应对能力。

针对被害人可利用的犯罪和被害人与加害人之间的冲突引起的犯罪,学校应该重视学生正确价值观、世界观、人生观的培养,积极引导学生形成合理的生活方式、行为习惯,培养学生的人际交往能力。学校应该对学生之间的小矛盾及时化解,防止小纠纷扩大化。此外,学校要注重学生的挫折教育,引导学生之间的正常竞争,如开展形式多样的比赛,使每名学生都能树立自信心,积极面对生活。

2. 社会可采取的措施

许多心理不成熟的未成年人都具有叛逆的特征,对家庭和学校的教育持强烈的抵制态度，这种情况下社会力量的介入或许可以起到一定作用。社会可以建立起对青少年的心理辅导、干预的社会组织，用灵活的方式了解学生的心理情况，并有针对性地进行心理治疗。除此之外，社会组织要保护校园的纯洁性，防止不良社会风气进入校园，如在影视剧、网络中营造健康文明的文化。首先，政府应对影视剧、网络游戏进行必要的干预，如对影视剧、网络游戏进行分级管理审查；其次，要增加对学校、未成年人保护组织的投入，使学校和社会组织有能力保障学生的健康成长；最后，要加强相关法律制度建设，完善青少年保护的相关制度。

（二）个体预防

在被害人完全无辜的犯罪中，每一个学生都是潜在的被害人，能采取的措施就是在同学中发现有类似专门欺辱其他同学的小团伙，要积极向学校、家庭反映，并要求提供必要的保护，自己也要提高警惕如不单独去偏僻的场所等。在遇到此类犯罪时，不要过多地与加害人起冲突，在事后再向老师反映相关情况。

除此之外，要注意在校园集体生活中的言行，对同学之间产生的小矛盾要及时寻求化解，自己不能解决的要寻求老师或者家长的帮助。要保持同学之间的友谊，不要随意欺负比自己弱的同学，不要开过火的玩笑；如无意中伤害到同学应及时道歉，避免误会。

【规范性文件】

共青团中央等

关于印发《全国维护青少年权益岗创建管理办法》的通知

2023年1月17日　　　　　　　　　　　中青联发〔2023〕1号

各省、自治区、直辖市团委、党委宣传部、政法委、网信办、妇联、高级人民法院、人民检察院、教育厅（教委）、公安厅（局）、民政厅（局）、司法厅（局）、人力资源社会保障厅（局）、文化和旅游厅（局）、市场监督管理局、广播电视局，新疆生产建设兵团团委、党委宣传部、政法委、网信办、妇联、人民法院、人民检察院、教育局、公安局、民政局、司法局、人力资源社会保障局、文化体育广电和旅游局、市场监督管理局：

　　为引导广大青少年和社会各界准确理解创建工作的宗旨和目标，形成促进青少年发展、维护青少年合法权益的合力，经中央批准，原"青少年维权岗"创建活动调整为"维护青少年权益岗"创建活动，并纳入全国创建示范活动保留项目目录。现将修订后的《全国维护青少年权益岗创建管理办法》印发给你们，请结合实际抓好贯彻落实。

全国维护青少年权益岗创建管理办法

（共青团中央、中央宣传部、中央政法委、中央网信办、全国妇联、
最高人民法院、最高人民检察院、教育部、公安部、民政部、
司法部、人力资源和社会保障部、文化和旅游部、
国家市场监督管理总局、国家广播电视总局
2023 年 1 月 17 日发布）

目　　录

第一章　总　　则

第二章　创建范围和标准

第三章　创建程序

第四章　工作指导

第五章　监督管理

第六章　附　　则

第一章　总　　则

第一条　为了深入贯彻实施《中华人民共和国未成年人保护法》和《中华人民共和国预防未成年人犯罪法》，落实《中长期青年发展规划（2016—2025 年）》和《法治社会建设实施纲要（2020—2025 年）》，形成促进青少年发展和权益维护的工作合力，营造良好社会环境，根据《创建示范活动管理办法（试行）》，制定本办法。

第二条　维护青少年权益岗是经联合创建单位共同认定，在促进青

少年发展和权益维护等方面工作成绩显著、作用发挥突出的基层单位或者组织机构。

第三条 全国维护青少年权益岗联合创建单位包括：中央宣传部、中央政法委、中央网信办、共青团中央、全国妇联、最高人民法院、最高人民检察院、教育部、公安部、民政部、司法部、人力资源和社会保障部、文化和旅游部、国家市场监督管理总局、国家广播电视总局。

共青团中央维护青少年权益部具体负责创建日常工作。

第四条 创建活动坚持公开、公平、公正原则，创建周期为2年，命名数量从严把握。

第二章 创建范围和标准

第五条 各联合创建单位所在系统中，直接服务青少年发展和权益维护的基层单位，包括有关单位的业务部门、服务机构，可以申报创建维护青少年权益岗。包括以下单位或者组织机构：

（一）新时代文明实践中心；

（二）基层综治中心；

（三）基层网信部门、互联网行业企事业单位；

（四）基层共青团组织、12355青少年服务台、"青年之家"、青少年宫，青年志愿服务组织，相关社会组织、青少年事务社会工作机构和其他青少年服务机构。

（五）基层妇联组织（妇儿工作机构）、"儿童之家"、儿童活动中心，相关社会组织、妇儿事务社会工作机构和其他妇儿服务机构。

（六）基层人民法院及其少年法庭；

（七）基层人民检察院及其未成年人检察工作机构；

（八）各级各类中小学校、中等职业学校、托幼机构、特殊教育学校、专门学校；

（九）公安派出所，公安机关治安、反邪教、刑侦、食药侦、网安、监管、交管、法制、禁毒等基层科、所、队、室；

（十）儿童福利机构、未成年人救助保护机构、收养登记机关、未成年人保护服务平台（热线）、乡镇（街道）未成年人保护工作站，村（居）民委员会；

（十一）司法所，基层社区矫正机构、人民调解委员会，未成年犯管教所、强制隔离戒毒所、监狱，法律援助机构、律师事务所、基层法律服务所；

（十二）基层劳动保障监察机构、公共就业和人才服务机构、劳动人事争议调解仲裁机构、职业培训机构；

（十三）基层文化市场综合执法机构、公益性文化单位；

（十四）基层市场监管执法机构、消费维权机构；

（十五）广播电视制作、播出、传送机构，网络视听节目服务机构，县级融媒体中心及相关栏目，广播电视和网络视听监测监管机构。

其他符合条件但不在联合创建单位系统的机关企事业单位和组织机构，经所在地省级团委推荐，可以按规定参与创建。

第六条 申报创建全国维护青少年权益岗的基层单位或者组织机构，应当符合以下基本条件：

（一）拥护中国共产党领导，深入学习贯彻习近平新时代中国特色社会主义思想，遵守党和国家法律法规、政策，深刻领悟"两个确立"的决定性意义，不断增强"四个意识"、坚定"四个自信"、做到"两个维护"；

（二）立足本系统基本职能，创造性开展服务青少年发展、维护青少年权益专项工作、专题活动，在维护青少年权益方面发挥积极作用，取得良好成效；

（三）及时受理青少年咨询和投诉，建立与共青团组织及其12355青少年服务台，以及其他相关部门的个案转介、工作会商、联合处置机制；

（四）重视并规范开展创建工作，有明确的创建计划、保障措施和工作机制，确定专门机构或者指定专门人员从事青少年发展和权益维护工作；

（五）对服务青少年发展和权益维护的具体事项和标准作出公开承诺，在工作场所显著位置公布服务内容，树立良好社会形象；

（六）有行政级别的（或者参照行政级别的），原则上应当为县处级以下（含县处级）单位或者组织机构；

（七）配套相应工作经费保障创建活动顺利开展。

第七条 创建单位或者组织机构应当结合工作职责，对照《全国维护青少年权益岗分类创建项目》（附件1）内容指标，面向基层，面向个案，聚焦解决实际难题，打造特色品牌项目。

第三章 创建程序

第八条 共青团中央发布创建工作通知，启动创建工作。

第九条 申报创建全国维护青少年权益岗的各基层单位或者组织机构，对照创建要求，经过自查自评后进行申报。

第十条 省级团委会同有关部门全面了解申报创建单位工作业绩、创建条件、社会评价等情况，采取现场检查、集中答辩、专家评审等方式开展初评，择优推荐。每个省份的每个系统申报单位数量原则上不超过2个。

符合条件但不在联合创建单位所在系统的申报单位，由所在地省级团委负责审核、推荐，数量原则上不超过2个。

第十一条 申报单位经共青团中央会同联合创建单位初核、公布后，进入为期2年的创建阶段。创建过程中，申报单位应当对照创建项目，制定切合实际、适度领先、责任明确的创建目标和路径，加强创建过程管理。其间，共青团中央会同联合创建单位及时予以督促指导。

第十二条　创建期满后，共青团中央会同联合创建单位组成评审委员会，对照本办法第六条、第二十一条及分类创建项目指标，对申报单位进行审核，确定全国维护青少年权益岗拟命名名单。

全国维护青少年权益岗实行特别推荐机制，对促进青少年发展和权益维护作出突出贡献的基层单位或者组织机构，经所在系统的联合创建单位会同省级团委特别推荐，可以直接进入审核程序。

第十三条　由共青团中央对拟命名的全国维护青少年权益岗集中公示，公示期不少于5个工作日。

第十四条　公示结束后，共青团中央会同联合创建单位对获评全国维护青少年权益岗的单位和组织机构授予牌匾。

第四章　工作指导

第十五条　各联合创建单位将维护青少年权益岗创建活动纳入本系统相关工作安排，确定本系统创建活动的责任部门，深入调研本系统维护青少年权益岗工作开展情况，发现并解决青少年发展和权益维护方面的新情况新问题，总结推广先进经验。

共青团中央组织各系统交流创建情况，提升创建和管理工作水平。

第十六条　省级团委及相关部门应当按照创建要求，加强对各自推荐的全国维护青少年权益岗及创建单位的直接指导，通过学习、培训、调研等方式，督促其做好与创建内容相关的各项工作，加强与所服务青少年群体的面对面交流，为青少年解难题、办实事。

第十七条　各联合创建单位应当利用重要节日、纪念日、寒暑假期和新法颁布实施等节点或者时段，组织全国维护青少年权益岗及创建单位深入乡村、社区、学校、企业等开展促进青少年发展和权益维护服务，充分利用各类媒体广泛宣传全国维护青少年权益岗工作动态、成效和经验，树立良好社会形象。

第十八条　各联合创建单位推动全国维护青少年权益岗创建活动纳入平安中国建设考评相关指标项目内容，积极对接文明城市等全国性创建活动。鼓励各联合创建单位将全国维护青少年权益岗创建活动纳入相关专项规划，纳入本系统对基层单位的考核激励，加强经费等资源保障。

第五章　监督管理

第十九条　获评全国维护青少年权益岗的单位或者组织机构，应当在工作场所的醒目位置悬挂牌匾，在信息公开平台公开服务承诺、联系方式、监督电话等，以便青少年知晓，并接受社会监督。

省级团委及相关部门承担辖区内全国维护青少年权益岗的日常监督管理责任。

第二十条　共青团中央会同各联合创建单位每两年组织对已命名的全国维护青少年权益岗进行复核，复核标准与审核命名标准相同。复核合格的，继续保留相应命名；复核不合格的，实行为期一年的整改，整改期满再次审核仍不合格的，撤销命名并收回牌匾。通过两次复核的全国维护青少年权益岗实行抽检审核。

第二十一条　已命名的全国维护青少年权益岗出现下列情形之一的，经检查核实，由共青团中央会同相关联合创建单位撤销命名并收回牌匾：

（一）严重违反党和国家的法律法规、方针政策，造成不良社会影响的；

（二）青少年权益维护方面履职不力，创建承诺未能兑现，社会评价不佳，工作质量严重下滑的；

（三）创建中弄虚作假，存在欺报、瞒报、贿审等行为的；

（四）单位或者组织机构主要负责人受到刑事处罚或者党纪政务重处分的；

（五）严重损害全国维护青少年权益岗形象等其他情形的。

第二十二条　全国维护青少年权益岗牌匾不得用于商业性活动，不得私自复制，牌匾只可在所命名单位工作场所悬挂。所命名单位应该认真保管好牌匾，损坏、丢失的一般不予补发。

第二十三条　已命名的全国维护青少年权益岗因工作职能变更，不再直接从事创建项目相关工作的，命名自动取消，可以保留牌匾作为纪念存档用，不得在公共场所悬挂。

第六章　附　　则

第二十四条　省级共青团组织及相关部门可以按有关规定积极参与维护青少年权益岗创建工作。支持地市级团组织和具备条件的团组织联合相关部门，开展维护青少年权益岗的培育选树工作。

第二十五条　本办法由共青团中央维护青少年权益部负责解释。

第二十六条　本办法自发布之日起施行。2008年7月10日印发的《关于印发〈全国创建优秀"青少年维权岗"活动管理办法〉的通知》（中青联发〔2008〕25号）、2010年10月21日印发的《创建"青少年维权岗"活动指导意见》（中青联发〔2010〕34号）同时废止。

附件：1. 全国维护青少年权益岗分类创建项目
　　　2. 维护青少年权益岗牌匾制法说明

附件 1

全国维护青少年权益岗分类创建项目

各系统创建全国维护青少年权益岗的单位或者组织机构，除满足本办法第六条规定的基本条件外，应在以下项目中取得较为突出的工作成效。

一、宣传系统

（一）积极宣传倡导促进青少年发展、维护青少年合法权益的法律政策，营造良好社会氛围。

（二）将促进青少年发展、维护青少年合法权益工作纳入各类文明创建活动。

（三）依托新时代文明实践中心广泛开展维护青少年合法权益工作。

二、政法委系统

（一）坚持和发展新时代"枫桥经验"，加强涉青少年矛盾纠纷排查化解、社会风险预警防控工作。

（二）指导支持共青团、妇联、关工委等组织在平安建设中发挥作用。通过政府购买服务等方式，支持、引导有关社会组织、社会工作者参与青少年保护工作。

三、网信系统

（一）加强青少年网络素养宣传教育，引导青少年增强网络空间自我保护意识。

（二）会同有关部门加强监督检查，依法惩处利用网络从事危害青少年身心健康的活动，为青少年提供安全、健康的网络环境。

（三）及时受理并妥善处置涉青少年相关舆情。

四、共青团组织

（一）常态化开展青少年法治宣传、青春自护、心理健康和网络素养教育。

（二）代表和维护青少年合法权益，依托组织化渠道，及时反映青少年普遍性利益诉求。

（三）履行发现和报告侵害青少年合法权益事件义务，稳妥回应、协助处置涉青少年重大典型案件，畅通青少年个案转介机制。

（四）推动建立未成年人权益维护社会支持体系，积极参与和承接政府购买青少年社会服务工作，稳定联系一定数量的律师、心理咨询师等专业力量，具备较强的法律、心理专业服务功能。

五、妇联组织

（一）依法维护妇女儿童合法权益，促进完善男女平等和妇女全面发展。

（二）为妇女儿童提供法律、心理等方面的咨询和维权服务，转介机制通畅，专业力量队伍稳定，依法维护妇女儿童合法权益成效显著。

（三）加强家庭教育指导和青少年法治宣传教育，有效发挥家庭、家教、家风对青少年健康成长的促进作用。

六、法院系统

（一）依法严厉打击侵害青少年合法权益的违法犯罪。

（二）设置专门审理涉及未成年人案件的审判庭，配备熟悉未成年人身心特点的员额法官和司法辅助人员，专门审理涉及未成年人案件。

（三）联合当地团组织推进未成年人审判社会支持体系建设，通过购买社会服务或者其他多种方式，开展社会调查、合适成年人到场、心理辅导、法庭教育、社会观护、跟踪帮教、家庭教育指导、被害人救助等工作。

（四）积极开展青少年法治宣传教育工作，制作青少年法治文化产品，发布涉未成年人典型案例或司法建议等。

七、检察院系统

（一）依法严厉打击侵害青少年合法权益的违法犯罪。

（二）建立未成年被害人"一站式"办案场所，配备熟悉未成年人身心特点的员额检察官和司法辅助人员。

（三）联合当地团组织推进未成年人检察社会支持体系建设，通过政府购买服务或者其他多种方式，支持、引导青少年事务社工协助开展附条件不起诉考察帮教、社会调查、合适成年人到场、心理疏导、社会观护、被害人救助等工作。

（四）积极开展青少年法治宣传教育工作，制作青少年法治文化产品，发布涉未成年人典型案例等。

八、教育系统

（一）建立未成年学生保护、欺凌防控和预防性侵害性骚扰等工作制度，落实入职查询、强制报告等规定。配合加强校园周边综合治理，制定应对突发事件和意外伤害的预案。

（二）聘请法治副校长、校外法治辅导员，配备心理健康教育教师，开展青少年法治教育、心理健康教育、生命教育、安全自护教育，建立心理健康筛查和早期干预机制。

（三）健全留守、随迁、困境、残疾学生关爱帮扶机制，完善控辍保学制度。

（四）专门学校分级分类做好对有严重不良行为未成年人的教育矫

治、帮教转化等工作。

九、公安系统

（一）依法严厉打击、严密防范侵害青少年合法权益的违法犯罪。

（二）有专门机构或者专门警力办理涉及未成年人案件、开展未成年人保护、预防未成年人犯罪工作。

（三）联合当地团组织推进未成年人警务社会支持体系建设，通过政府购买服务或者其他多种方式，支持、引导青少年事务社工协助开展合适成年人到场、心理疏导、社会观护、被害人救助等工作。

（四）积极开展青少年安全法治宣传教育和毒品预防、交通事故预防、溺水防范等工作，制作青少年法治和自护教育文化产品，发布涉未成年人典型案例等。

（五）建立健全"护学岗"和"校家警"联动护学机制，维护校园周边良好安全环境。

十、民政系统

（一）充分发挥未成年人保护工作协调机制作用，及时受理、转介并推动妥善处理侵犯未成年人权益的事件。通过政府购买服务等方式，支持青少年事务社工参与相关工作。

（二）加强对农村留守儿童、困境儿童的关爱保障。对符合条件的未成年人做好临时监护、长期监护，加强养育、医疗、康复和教育等工作。

十一、司法行政系统

（一）联合当地团组织推进未成年人矫正社会支持体系建设，通过政府购买服务等方式，支持、引导青少年事务社工协助开展未成年人社区矫正等工作，提高涉案青少年转化率。

（二）加强青少年法律援助和调解工作，及时化解涉青少年的矛盾纠纷。优先办理涉及青少年的法律服务案件，依法减免费用。

（三）积极开展青少年法治宣传和禁毒宣传教育。配合有关部门做好服刑人员、强制隔离戒毒人员未成年子女关爱保障工作。

十二、人力资源社会保障系统

（一）依法维护青年职工和未成年工劳动保障权益。严厉打击非法使用童工的行为。及时受理、依法化解涉青年职工和未成年工的劳动人事争议。

（二）积极开展青少年职业技能培训工作，加强青年就业创业服务。

（三）积极面向用人单位、青年职工和未成年工开展人力资源社会保障法律、法规及政策方面的宣传教育。

十三、文化和旅游系统

（一）加强对未成年人参与的表演活动和在线演出活动的监督管理，加强对营业性娱乐场所、互联网上网服务营业场所违规接纳未成年人行为的监督管理，对违反规定的依法查处。

（二）加强网络文化市场执法，及时查处对青少年有不良影响的网络文化产品和典型案件。

（三）公益性文化单位对未成年人免费或者优惠开放，开设青少年专场并提供符合青少年特点的服务。

十四、市场监管系统

（一）加强对未成年人食品、药品、玩具、用具和大型游乐设施等的安全监管和执法检查，整治向未成年人销售烟、酒、彩票等行为，依法对违法违规行为予以处罚。

（二）畅通12315平台等投诉举报渠道，加大未成年人投诉调解力度，规范未成年人消费重点领域，维护未成年人消费者合法权益。

（三）做好涉及青少年的广告、网络营销领域的监管工作，配合做好未成年人保护主题公益广告宣传工作。

（四）配合相关部门加强对不适宜未成年人活动场所的监督管理。

十五、广电系统

（一）积极创作、传播有利于青少年健康成长的广播电视和网络视听节目。

（二）加强青少年发展政策宣传工作，报道青少年先进典型，发布促进青少年成长发展公益广告，营造良好社会氛围。

（三）发挥媒体监督作用，关注并推动解决影响青少年健康成长的不良社会现象和恶性案件。客观审慎适度报道涉及未成年人案（事）件。

附件2

维护青少年权益岗牌匾制法说明

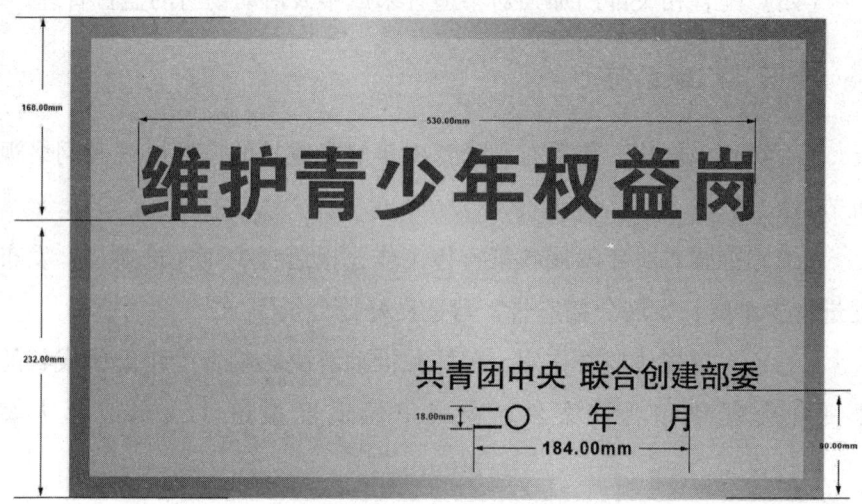

一、材料：铜板底，字为腐蚀凹体充色。

二、字体和字号：

（一）名称标准为"维护青少年权益岗"，字体为方正大黑简体，字号为190磅。

（二）命名单位"共青团中央 某某联合创建部委"，授牌时间"二〇××年×月"，字体为方正黑体简体，字号为75磅。

三、颜色："维护青少年权益岗"为红色，其余字体为黑色。

四、布局：名称居中，命名单位和授牌时间位于右下角。

五、尺寸：全国级为650mm×400mm，省级为560mm×350mm，地市及以下为480mm×300mm。

规范性文件

教育部
关于推开教职员工准入查询工作的通知

2023年4月14日　　　　　　　　　　教师函〔2023〕1号

各省、自治区、直辖市教育厅（教委），新疆生产建设兵团教育局，有关部门（单位）教育司（局），部属各高等学校：

为深入贯彻党的二十大精神，加强师德师风建设，净化校园环境，根据《中华人民共和国刑法》《中华人民共和国刑事诉讼法》《中华人民共和国未成年人保护法》《中华人民共和国治安管理处罚法》《中华人民共和国教师法》《中华人民共和国高等教育法》《中华人民共和国劳动合同法》等法律规定，按照最高人民检察院、教育部、公安部《关于建立教职员工准入查询性侵违法犯罪信息制度的意见》（高检发〔2020〕14号）和最高人民法院、最高人民检察院、教育部《关于落实从业禁止制度的意见》（法发〔2022〕32号）要求，加强教职员工管理，建立健全教职员工准入查询制度，教育部决定在前期试点实施基础上，推开教职员工准入查询工作，推进教职员工准入查询平台（以下简称查询平台）上线使用。现将有关事宜通知如下。

一、目标任务

落实立德树人根本任务，严把教师队伍入口关，夯实教师队伍质量。严格落实师德师风第一标准,融入教师招聘引进等环节,做在日常、严在日常。完善教职员工准入查询制度,推动查询平台应用,以信息化、数字化提升教师队伍治理能力,为构建高质量教育体系奠定坚实的师资基础。

二、查询要求

（一）基础教育

1. 查询对象

中小学校（含幼儿园、中小学、特殊教育学校、中等职业学校、专门学校及其他教育机构等,下同）拟聘用教职员工,包括教师、教育教学辅助人员、行政人员、勤杂人员、安保人员等在校园内工作的人员。

2. 查询节点

对中小学校拟聘用教职员工在入职前进行查询。

3. 查询内容

查询中小学校拟聘用教师《关于建立教职员工准入查询性侵违法犯罪信息制度的意见》《关于落实从业禁止制度的意见》规定的性侵违法犯罪信息和《中华人民共和国教师法》《教师资格条例》规定的已纳入教师资格限制库的丧失、撤销教师资格信息。

查询中小学校拟聘用其他教职员工《关于建立教职员工准入查询性侵违法犯罪信息制度的意见》《关于落实从业禁止制度的意见》规定的性侵违法犯罪信息。

4. 查询主体

中小学校拟聘用教职员工的查询主体为中小学校的主管教育行政部门。

5. 查询程序

中小学校在全国教师管理信息系统的教职员工准入查询模块中提交

查询申请，主管教育行政部门审核并进行查询。

（二）高等教育

1. 查询对象

高等学校（含普通本科学校、高等职业学校、成人高等学校、其他普通高等教育机构、从事研究生教育的科学研究机构等，下同）拟聘用教师。

高等学校拟聘用其他教职员工参照执行。

2. 查询节点

对高等学校拟聘用教师在入职前进行查询。

3. 查询内容

查询高等学校拟聘用教师《关于建立教职员工准入查询性侵违法犯罪信息制度的意见》《关于落实从业禁止制度的意见》规定的性侵违法犯罪信息和《中华人民共和国教师法》《教师资格条例》规定的已纳入教师资格限制库的丧失、撤销教师资格信息。

4. 查询主体

高等学校拟聘用教师的查询主体为教师所在的高等学校。

5. 查询程序

高等学校在全国教师管理信息系统的教职员工准入查询模块中进行查询。

三、结果使用

拟聘用教职员工经查询发现有《关于建立教职员工准入查询性侵违法犯罪信息制度的意见》《关于落实从业禁止制度的意见》规定情形的，不得录用，并由拟聘用单位书面告知查询对象不录用理由和申请复查权利；拟聘用教师经查询发现有丧失教师资格信息和在撤销教师资格期限内的，不得聘用为从事教育教学工作的教师，并由拟聘用单位书面告知查询对象不聘用理由和申请复查权利。

四、异议处理

查询对象对查询结果有异议的,应在收到告知的 15 日内向拟聘用单位书面提出,由拟聘用单位请求查询主体通过查询平台申请复查,拟聘用单位应书面告知查询对象复查结果。

五、追责情形

教育行政部门、学校及其工作人员有下列情形的,依法依规予以处理:

(一)未履行申请查询或者查询义务的;

(二)对查询有问题人员,未按照相关法律法规予以处理的;

(三)散布、泄露、篡改、不当使用查询获悉的有关信息的;

(四)玩忽职守、滥用职权、徇私舞弊的;

(五)其他违反教职员工准入查询制度的情形。

六、工作要求

各省级教育行政部门、部门教育司(局)和教育部直属高校要积极宣传解读相关政策,共创开展教职员工准入查询工作的清朗环境;要监督指导准入查询工作的实施,规范查询流程,定期开展检查;要严格遵守个人信息保护相关规定,指导相关单位和人员加强信息管理工作,不得侵害查询对象个人隐私和其他合法权利。

请各省级教育行政部门、部门教育司(局)和教育部直属高校根据通知要求,结合实际情况,研究制定具体实施办法,成立工作组,明确具体的工作部门和责任人。实施办法和工作组名单请于 2023 年 6 月 1 日前通过全国教师管理信息系统查询平台报送教育部(教师工作司)。

【地方性文件及工作】

重庆市民政局　重庆市人民检察院
关于印发《重庆市民政系统密切接触未成年人岗位工作人员犯罪记录查询工作暂行办法》的通知

2022 年 11 月 9 日　　　　　　　　　　　渝民〔2022〕229 号

各区县（自治县）民政局、人民检察院，市检察院各分院，两江新区、西部科学城重庆高新区、万盛经开区有关部门：

现将《重庆市民政系统密切接触未成年人岗位工作人员犯罪记录查询工作暂行办法》印发你们，请结合实际，抓好贯彻落实。

各区县民政局、人民检察院，市检察院各分院将负责信息查询工作的人员信息分别报送市民政局儿童福利处和市检察院检察八部（见附件1和2）。联系人：市检察院检察八部，梁婧，67319810，邮箱：13505086@qq.com；市民政局孙修真，88563105，邮箱：cqmzetflc@163.com。

重庆市民政系统密切接触未成年人岗位工作人员犯罪记录查询工作暂行办法

第一章 总 则

第一条【目的依据】 为保障未成年人合法权益，预防民政系统密切接触未成年人从业人员利用职业便利实施涉未成年人犯罪行为，根据《中华人民共和国未成年人保护法》（以下简称《未成年人保护法》）等相关法律法规，制定本办法。

第二条【工作机制】 市民政局、市人民检察院共同建立全市民政系统密切接触未成年人岗位工作人员查询工作机制。

市民政局统筹、指导全市民政系统密切接触未成年人岗位工作人员涉罪信息查询工作。

市人民检察院依托现有的涉罪信息库，向各级民政部门、儿童福利机构、未成年人救助保护机构等单位提供查询。

第三条【查询对象】 全市儿童福利机构、未成年人救助保护机构的工作人员，包括新招录、聘用或以劳务派遣方式聘请的行政人员、管理人员、勤杂人员、安保人员等，以及乡镇（街道）儿童督导员、村（居）儿童主任都应当纳入查询范围。

第四条【查询时机】 全市民政系统密切接触未成年人岗位工作人员在入职前应当进行涉罪信息查询，并对在职工作人员开展集中倒查。定期开展工作人员在职期间涉罪信息查询，每年至少查询一次。

第五条【查询罪名】 纳入查询的涉未成年人犯罪主要是指《未成年人保护法》第六十二条规定的性侵害、虐待、拐卖、暴力伤害等犯罪行为。

第二章 查询与告知

第六条【分级查询】 落实分级查询责任制，市、区县民政部门应当分别建立查询制度。

市民政局负责做好市级儿童福利机构、未成年人救助保护机构相关工作人员信息查询工作。

区县民政部门负责做好本级儿童福利机构、未成年人救助保护机构、乡镇（街道）、村（居）等相关工作人员信息查询工作。

第七条【查询人员】 民政部门指定专门工作人员负责涉罪信息查询工作，并将查询人员名单提交检察机关。

检察机关指定专门工作人员负责涉罪信息查询工作，并将人员名单和联系方式提交民政部门。

检察机关、民政部门负责查询工作的人员应当遵守工作纪律和保密规定，不得篡改查询信息，不得用于其他用途。

第八条【查询要求】 民政部门向同级人民检察院申请查询民政系统密切接触未成年人岗位工作人员涉罪信息。

申请查询时，应当提交加盖民政部门公章的查询申请。查询申请应当包括经办人有效身份证件、查询事由、被查询人的姓名和身份证号码等信息。

人民检察院应当在受理查询之日起5个工作日内将查询结果书面告知申请查询单位。

第九条【查询结果】 查询结果告知内容包括有无涉罪信息（依法应当封存的未成年人涉罪信息除外）。有犯罪记录的，应当列明案件性质、处理机关、案件判决或不起诉时间与结果。

第三章 查询结果应用

第十条【查询处理】 工作人员入职前查询应在正式签订劳动（劳务）合同或聘用合同前进行，对经查询确认工作人员有因故意犯罪被刑事处罚的，原则上不得建立劳动关系或人事关系；有性侵害、虐待、拐卖、暴力伤害等犯罪记录的，一律不得建立劳动关系或人事关系；有相关案件正在办理中的人员，做暂缓招录处理。

定期开展在职工作人员是否具有犯罪记录查询工作，发现其具有相关犯罪行为的，应当及时解聘。

第十一条【查询反馈】 市民政局建立市级儿童福利机构、未成年人救助保护机构人员查询台账，并及时将经查询有犯罪记录人员的处置情况反馈给市检察院。

各区县民政部门建立密切接触未成年人岗位工作人员查询台账，并及时将经查询有犯罪记录人员的处置情况报市民政局和同级（所在辖区）人民检察院。

市民政局会同市人民检察院对民政系统密切接触未成年人岗位工作人员涉罪信息进行随机抽查。

第十二条【信息共享】 各级民政部门应当与人民检察院加强联系与协作，实现信息交流与共享，推动查询结果在民政系统密切接触未成年人工作人员招录、解聘环节的广泛运用。

第四章 责任追究

第十三条【查询责任】 全市民政系统密切接触未成年人的单位未履行查询义务，或者招用、继续聘用具有相关犯罪记录工作人员的，按《未成年人保护法》第一百二十六条相关规定处理。

第五章 附　则

第十四条 本办法自印发之日起施行。

附件：1. 民政部门涉罪信息查询工作人员名单
　　　2. 检察机关涉罪信息查询工作人员名单
　　　3. 全市民政系统密切接触未成年人岗位工作人员涉罪信息查询申请表

附件1

民政部门涉罪信息查询工作人员名单

单位（公章）

单位	姓名	职务	身份证号码	联系电话

附件2

检察机关涉罪信息查询工作人员名单

单位（公章）：

单位	姓名	所在部门	法律职务	身份证号码	联系电话

附件 3

重庆市民政系统密切接触未成年人岗位工作人员涉罪信息查询申请表

申请单位（公章）：

查询单位工作人员姓名		身份证号码					
序号	被查询人姓名	身份证号码	查询类型		人员类型			
			招录	在职	在编	临聘	劳务派遣	其他

备注：本表格由市、区两级民政部门汇总后提交同级检察机关。

中共上海市教育卫生工作委员会　上海市教育委员会
关于进一步加强本市未成年人
学校保护工作的若干意见

2022 年 12 月 12 日　　　　　　　　沪教委青〔2022〕16 号

各区教育局：

　　为贯彻落实《中华人民共和国未成年人保护法》《上海市未成年人保护条例》和教育部《未成年人学校保护规定》等法律法规和规章制度，结合本市教育系统实际，现就进一步加强本市未成年人学校保护工作提出以下意见：

一、总体要求

（一）指导思想

　　以习近平新时代中国特色社会主义思想为指导，深入学习贯彻党的二十大精神，认真落实党的十八大以来党中央、国务院关于加强未成年人保护工作的决策部署，深刻践行办好人民满意的教育的核心要义，以上海基础教育综合改革实验区建设为契机，对标上海现代治理体系建设和城市软实力提升，全面加强对未成年人学校保护工作的组织领导，健全工作机构、完善运行机制、强化制度建设、优化支持体系，建设与上海经济社会发展相适应的未成年人学校保护工作体系，切实保护未成年人身心健康，保障未成年人合法权益，促进未成年人德智体美劳全面发展，培养有理想、有道德、有文化、有纪律的社会主义建设者和接班人，培养担当民族复兴大任的时代新人。

（二）基本原则

——坚持最有利于未成年人的原则。在全面贯彻党的教育方针和未成年人保护法律法规，制定和实施基础教育政策和未成年人学校保护工作制度等方面，优先考虑未成年人的利益和需求，在处理未成年人事务中始终把未成年人权益和全面健康成长放在首位，确保未成年人依法得到特殊、优先保护。

——坚持学校主体原则。学校要切实承担起未成年人学校保护工作主体责任，不断建立健全学校保护工作体系，完善校园安全风险防控体系，加强工作队伍建设，强化工作机制建设，有效应对和处置学生权益事件，始终为未成年学生健康成长提供安全、阳光的校园环境。

——坚持系统性、协同性原则。主动、有效对接各级未成年人保护工作协调机制，根据市未成年人保护工作协调机制的统一部署，争取部门支持，强化部门联动，积极推动各方力量参与未成年人学校保护工作，形成家庭、社会、政府、司法等力量共同参与未成年人学校保护工作的良好格局。

（三）总体目标

按照区域试点、全面推开、逐步深化的思路，到"十四五"末，市、区、校未成年人学校保护工作责任全面贯彻落实，部门协同联动成效显著的体制机制基本形成，制度体系逐步健全，工作力量有效加强，家、校、社共同关心关注未成年学生健康成长的氛围显著增强，推动未成年学生的生存权、发展权、受保护权、参与权等得到更加充分保障，未成年学生的主体意识和获得感得到持续提升。

二、主要举措

（一）健全工作机构，明确工作职责

在市未成年人保护工作协调机制的统一指导下，市、区、校进一步建立健全未成年人学校保护工作机构，强化人员配备，切实落实未成年人学校保护工作职责。

市教委协调推进全市未成年人学校保护工作，督促指导各区教育局落实《中华人民共和国未成年人保护法》《上海市未成年人保护条例》《未成年人学校保护规定》等法律法规及规章制度，及时推动解决工作中的重大问题。

各区教育局成立区未成年人学校保护工作机构，按照本区学生规模及未成年人学校保护工作实际需要配备专兼职工作人员，行使行政管理及协调职能，负责本辖区未成年人学校保护工作，指导辖区中小学落实未成年人学校保护工作要求。有条件的区，可以设立学生保护专职监察员负责学生保护工作，处理或者指导处理学生欺凌、性侵害、性骚扰以及其他侵害学生权益、危及学生身心健康、影响学生健康成长的事件。会同有关部门落实学校安全区域制度，健全依法处理涉校纠纷的工作机制。

校长是学生学校保护工作的第一责任人，班子其他成员对分管范围内的未成年人学校保护工作负领导责任。各中小学设立未成年人学校保护专兼职教师岗位，负责本校未成年人学校保护日常工作。规模较大或多校区的学校，或有条件的其他学校，到"十四五"末，要成立学生保护委员会，整合欺凌防治、纪律处分、教育惩戒等组织、工作机制，统筹负责学生权益保护及相关制度建设。

（二）优化工作机制，畅通工作渠道

各区教育局要指导学校根据未成年人学校保护有关法律法规和规章制度，进一步细化完善学校保护工作机制和校园安全风险防控工作机制，就教职工入职查询、学生欺凌防控、预防性侵害性骚扰、强制报告、校车安全、校园周边安全、网络保护等形成专项工作机制，加强工作规范和工作流程建设，不断完善学校安全事故和突发事件应对处置机制。

各区教育局和各中小学应通过建立投诉举报电话、邮箱或其他途径，受理对学校或者教职工违反未成年人学校保护相关法律法规或者规章制度、侵害学生权利的投诉、举报；处理过程中发现有关人员行为涉嫌违法犯罪的，应及时向公安机关报案或者移送司法机关。

各区教育局可以通过政府购买服务的方式，组织具有相应资质的高校、科研机构、社会组织或其他社会力量，为学校提供法律咨询、心理辅导、行为矫正等专业服务，为预防和处理学生权益受侵害的案件提供支持。

（三）加强工作培训，提升工作水平

持续开展分层分类培训工作，着力提升未成年人学校保护工作能力和工作水平。

将未成年人学校保护纳入市、区两级教育行政部门相关负责人员业务培训范畴，提高政策理论水平和业务指导能力；纳入中小学校长培训范畴，强化未成年人学校保护底线思维和忧患意识；纳入中小学教师全员培训和新教师岗前培训范畴，普及未成年人学校保护基本理念和基础知识。

加强校园欺凌防治、学生网络保护、校园安全事故防范与处置等专项工作培训，切实提升学生权益易受侵害领域的针对性防范化解和应对处置能力。

各区教育局和中小学校应为从事学生保护工作的人员接受相关法律、理论和技能的培训提供条件和支持，对相关工作人员和教职工开展未成年人保护专项培训。

（四）强化协同联动，形成工作合力

各区教育局要在民政部门的支持下，积极发挥区、街道（乡镇）两级未成年人保护工作协调机制功能。在立足各相关单位职责任务分工的基础上，积极探索与民政、政法、公安、检察院、法院、交通、网信、文化旅游、市场监管等部门以及从事未成年人保护工作的相关群团组织的协同机制，加强对学校学生保护工作的指导与监督。要会同公安、检察院、法院等有关单位健全教职工从业禁止人员名单和查询机制，指导、监督学校健全准入和定期查询制度；健全学生欺凌和暴力防控工作机制，指导学校建立健全预防和处置工作流程；会同政法、公安、市场监管等部门健全校园周边安全工作机制；会同网信、公安等部门健全网络保护工作机制；会同公安、交通等部门健全校车安全工作机制。

各区教育局应会同民政部门，探索推动设立未成年人保护社会组织，协助受理涉及学生权益的投诉举报、开展侵害学生权益案件的调查和处理，指导、支持学校、教职工、家长开展学生保护工作。

（五）开展先行先试，加强总结推广

"十四五"期间，根据教育部相关要求，结合本市未成年人学校保护工作实际情况，在部分区和中小学校进行校园欺凌防治工作机制专项试点和未成年人学校保护工作机制全面试点，加强市、区两级工作机制探索和学校工作模式构建，形成一批未成年人学校保护工作上海经验，培育一批未成年人学校保护工作引领示范学校。

三、工作保障

（一）强化组织领导

市教卫工作党委、市教委（以下简称"两委"）建立本市未成年人学校保护工作领导小组，由两委主要领导任组长，分管领导任副组长，市教卫工作党委组织干部处、宣传处，市教委青少年保护工作处、人事处、财务和国有资产管理处、基础教育处、职业教育处、校外教育培训管理处、托幼工作处、体育卫生艺术科普处、政策法规处、德育处、督导室等相关处室共同参与，统筹推进本市未成年人学校保护工作，推进实施重大政策，协调重大问题解决。各区教育局参照成立相关协调机构，承担本区未成年人学校保护相关工作职责。

（二）落实经费保障

各区教育局要将未成年人学校保护工作纳入经费保障范畴，落实区未成年人学校保护工作机构日常工作经费，确保合理支出。

（三）加强督导考核

市、区政府教育督导部门要将未成年人学校保护工作作为教育督导的重要内容，加强对政府及各有关部门、学校落实未成年人学校保护工作职责的监督检查。各区教育局应建立学生保护工作评估制度，定期组织或委托第三方对辖区内学校履行保护学生法定职责情况进行评估，评估结果作为学校管理水平评价、校长考评考核的依据。对存在重大安全隐患或发生重大安全事故或产生重大影响的校园安全事件的学校，实行"一票否决"，并视情节轻重，对相关责任人依法依规予以处分。

（四）深化理论研究

鼓励、支持有条件的高等学校、科研机构开展未成年人学校保护理论研究和实践探索，加强未成年人学校保护相关专业人才培养，为市、区、校开展未成年人学校保护工作提供理论指导和专业支持。

幼儿园、托育机构、特殊教育学校应根据未成年人身心特点，依据本意见有针对性地加强在园、在校未成年人合法权益的保护，并参照本意见，结合实际建立保护制度。

校外培训机构可参照执行。

【典型案例】

2022年人民法院十大案件之涉未成年人案件

【编者按】

2023年1月7日，由人民法院报编辑部评选出的2022年度人民法院十大案件发布。本次评选的包括刑事、民事在内的十个案件均为人民法院报2022年所报道的具有重大影响力、公众关注度高、审理难度大、审判结果具有重大意义或对公序良俗有重要示范引领作用的案件。

本辑选登了评选出的十大案件中涉未成年人案件，包括胡某诉陈某变更抚养权纠纷案、杭州"地铁萌娃"肖像权纠纷案、教师猥亵儿童被宣告终身禁业案。

湖南省长沙市天心区人民法院发布《家庭教育令》

——胡某诉陈某变更抚养权纠纷案

基本案情

胡某和陈某协议离婚，约定陈某抚养女儿胡小某。后胡某为胡小某找来全托保姆单独居住照护。胡某认为陈某未按约履行抚养义务，请求法院变更抚养权。长沙市天心区人民法院认为，双方都怠于履行抚养义务和监护职责,鉴于胡小某更愿与陈某生活,驳回胡某诉请。法院裁定要求陈某多关注胡小某的生理、心理状况和情感需求,与胡小某同住,养育陪伴,切实履行监护职责。

专家点评

在家庭保护中,依法履行监护职责是未成年人权益保护的关键问题,未成年人的父母或其他监护人怠于履行抚养义务和监护职责的失职行为,不利于未成年人的健康成长。《家庭教育促进法》强调父母或其他监护人在家庭教育中的法律责任,标志着"依法带娃"时代的开启。全国首份《家庭教育令》的适用,彰显了法律的严肃性,体现了对未成年人的特殊、优先保护。《家庭教育令》的具体内容充分体现了最有利于未成年人原则。《未成年人保护法》第四条规定,保护未成年人,应当坚持最有利于未成年人的原则。本案中未成年人抚养权的确定,充分听取和尊重了被抚养人的意见,明确要求作为监护人的母亲必须及时关注孩子的生理、心理状况以及情感需求,要与学校老师多联系、多沟通,及时了解未成年子女在学校接受教育的详细状况;要与未成年子女同住,亲自养育与陪伴未成年子女。以上内容是家庭教育中培养良好的亲子关系以促进未成年子女健康成长的需要,也是最有利于未成年人方案的选择。另外,《家庭教育令》的适用对更广泛的父母群体具有重要的警示作用,警示其必须承担起家庭教育的主体责任,这有利于在全社会营造促进未成年人健康成长的良好家庭氛围。

杭州"地铁萌娃"肖像权纠纷案

基本案情

杜某峰在社交平台发布博文,内容为"日本地铁上的小乘客,一个人上学……太可爱了",并附有楼某熙乘坐杭州地铁的照片。次日楼某熙母亲发帖称照片中是自己的女儿。杜某峰仍不删除该博文,还留言贬低祖国文化。楼某熙以杜某峰侵害其肖像权为由提起诉讼。杭州互联网法院认为,被告行为构成对原告肖像权的侵害,遂判令其在媒体赔礼道歉,并赔偿1.5万元。

专家点评

数字时代,社交网络等的兴起为自然人肖像、隐私和个人信息等人格权益的保护提出了相关法律适用新课题。本案中,法院对于网络上针对未成年人的肖像侵权进行了审理和认定,确立了相应的法律适用的实践规则。第一,结合对涉案图片内容和被告行为方式,特别是被告经网友及原告监护人留言告知、指正后仍拒不删除涉案图片等事实的审查,判定被告行为构成对原告肖像权的侵害,并要求其对此承担相应的法律责任。第二,鉴于原告属于无民事行为能力人的事实,法院在强调使用未成年人肖像须征得其监护人同意的同时,充分考虑未成年人的身心特点及涉案侵权行为对其成长可能造成的影响,以有利于未成年人未来健康成长为着眼,依法判令被告向原告承担赔礼道歉和赔偿精神损害抚慰金等法律责任。

本案对维护数字化时代未成年人肖像权，加强数字时代人格权司法保护具有重要的参考价值，体现出在网络侵权环境下我国司法机关对未成年人保护问题的特殊关怀，堪为当前未成年人网络司法保护的典范。本案也彰显了我国互联网司法高度重视人格权保护的司法精神。本案还对于推动我国网络空间的社会化、法治化治理具有积极示范意义，原告及其家人，包括网络上第一时间指正被告错误言行、提醒协助原告维权的热心网友，积极应对被告侵权行为，维护未成年人合法利益，值得肯定和赞扬。

教师猥亵儿童被宣告终身禁业案

基本案情

王某某在担任某学校外聘指导教师期间，利用"一对一"单独授课的机会，多次触摸该校一名 10 岁女童的隐私部位。经被害女童家人报案，王某某被抓获归案。2022 年 11 月 15 日，北京市海淀区人民法院少年法庭对这起猥亵儿童案依法开庭并当庭宣判，以被告人王某某犯猥亵儿童罪，判处有期徒刑；同时，禁止被告人王某某从事密切接触未成年人的工作。

专家点评

根据其内容，刑罚可以分为生命刑、自由刑、财产刑、资格刑。2015 年的《刑法修正案（九）》在增设的《刑法》第三十七条之一中规定了从业禁止制度，扩大了资格刑的范围，使我国的刑罚制度更为完善、更为合理。

对未成年人实施的性侵害、虐待等犯罪行为的社会危害性更大。未成年人处于身心发育的关键阶段，属于弱势群体且其认知能力、表达能力有限，这类犯罪对未成年人的成长发育将造成难以估量的危害且更容易得逞，犯罪更为隐蔽，对这类案件的查处更为困难，犯罪分子更容易逃避制裁。犯罪人多是利用其职业特点、优势地位多次实施犯罪行为，人身危险性、再犯可能性更大。

刑罚的本质在于惩戒，刑罚的目的在于预防犯罪。为了实现惩罚的要求、实现刑罚的公正，更好地实现预防犯罪的目的，最高人民法院、最高人民检察院、教育部根据《刑法》第三十七条之一，联合发布了《关于落实从业禁止制度的意见》。本案被告人的行为严重侵害了未成年人的身心健康，严重违背了教师的职业道德，依法对其严惩具有正当性；对于这种多次利用工作之便性侵未成年人、人身危险性极大的犯罪人实行从业禁止，终身禁止其从事密切接触未成年人的工作，具有充分的必要性。

【统计分析】

2022年人民法院审理未成年人犯罪案件情况

一、未成年人犯罪基本情况

2022年人民法院共判处未成年罪犯27757人，同比下降19.81%，同期全部刑事案件罪犯人数为1430865人，同比下降16.56%。未成年罪犯人数占全部刑事罪犯的1.94%，同比下降0.08个百分点（见图1）。

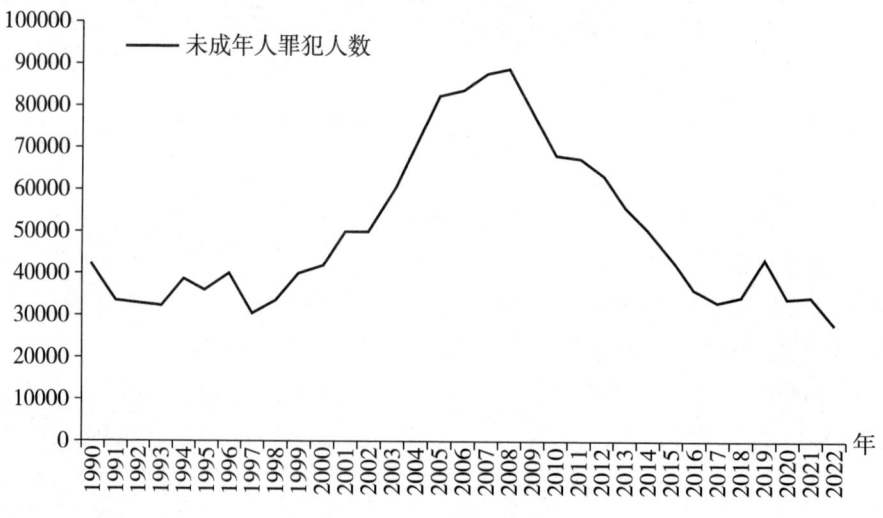

图1 未成年人犯罪情况走势

二、未成年人犯罪基本特点

以侵财犯罪和暴力犯罪为主。占未成年人犯罪比例较高的类型是强奸罪（21.36%）、盗窃罪（16.68%）、抢劫罪（14.11%）、聚众斗殴罪（9.76%）、寻衅滋事罪（7.43%），共占未成年人犯罪总数的69.34%。在主要犯罪类型中，强奸罪、猥亵儿童罪增幅明显，同比分别上升19.01%、28.09%（见表1）。

表1　2022年未成年人犯罪主要类型分布情况

罪名	人数/人	同比/%	比例/%
强奸罪	5928	19.01	21.36
盗窃罪	4629	-26.45	16.68
抢劫罪	3917	-8.03	14.11
聚众斗殴罪	2709	-24.69	9.76
寻衅滋事罪	2063	-39.47	7.43
故意伤害罪	1549	-33.63	5.58
诈骗罪	1058	-46.13	3.81
走私、贩卖、运输、制造毒品罪	363	-21.94	1.31
猥亵儿童罪	228	28.09	0.82

未成年罪犯受教育水平低。初中及以下文化水平的未成年罪犯占全部未成年罪犯的83.70%；81.20%的未成年罪犯处于16—17周岁年龄段；从身份情况来看，农民[①]和无业人员等无固定收入或低收入人群所占比例较大，分别为13.92%和36.60%。在判处的未成年罪犯中，女性

[①] 实际上，统计为农民身份的未成年人大多是在城市务工的流动人员，有时也处于无业、闲散状态。

罪犯占 7.43%。

判处学生罪犯（含成年学生）8053 人，占全部罪犯的 0.56%；判处未成年人学生罪犯 3834 人，占全部未成年罪犯的 13.81%，占全部学生罪犯的 47.61%。

2022 年未成年罪犯身份情况见表 2。

表 2 2022 年未成年罪犯身份情况

身份	人数/人	比例/%
职员	77	0.28
工人	615	2.22
农民	3865	13.92
学生	3834	13.81
自由职业者	40	0.14
无业人员	10159	36.60
其他	9167	33.03

共同犯罪、结伙作案占有较大比例。2022 年未成年人共同或集团犯罪人数为 12000 人，占未成年罪犯的 43.23%。

在 2022 年判处的未成年罪犯中，被处以五年以上徒刑等重刑的 3632 人，占 13.08%，判处非监禁刑（含免罚）的 4840 人，占 17.44%，其中适用缓刑的比例为 16.91%（见表 3）。

表 3 2022 年未成年罪犯处刑情况

处刑情况	人数/人	比例/%
免予刑事处罚	67	0.24
五年以上至无期徒刑	3632	13.08

续表

处刑情况	人数/人	比例/%
超过三年不满五年	2358	8.50
一年以上三年以下	12099	43.59
不满一年	4071	14.67
拘役	757	2.73
有期徒刑、拘役缓刑	4695	16.91
管制	31	0.11
单处附加刑	47	0.17

2024 年中国审判指导丛书征订单

《中国审判指导丛书》——各级人民法院审判工作权威参考指导用书							
代号	书名	全年辑数	定价	邮费	合计	订购份数	合计
202410	《刑事审判参考》	六辑	408.00	61.20	469.20		
202411	《民事审判指导与参考》	四辑	272.00	40.80	312.80		
202412	《商事审判指导》	两辑	136.00	20.40	156.40		
202413	《立案工作指导》	两辑	136.00	20.40	156.40		
202414	《审判监督指导》	两辑	136.00	20.40	156.40		
202415	《知识产权审判指导》	两辑	136.00	20.40	156.40		
202416	《涉外商事海事审判指导》	两辑	136.00	20.40	156.40		
202417	《中国少年司法》	四辑	272.00	40.80	312.80		
202418	《执行工作指导》	四辑	272.00	40.80	312.80		
202419	《国家赔偿与司法救助办案指导》	两辑	136.00	20.40	156.40		
合计总额：¥			万 仟 佰 拾 元 角 分				

银行汇款方式：
开户行：工行北京国家文化与金融合作示范区金街支行
户　名：人民法院出版社有限公司
账　号：0200000709004606170

邮局汇款方式：
邮　编：100745
地　址：北京市东城区东交民巷27号
单　位：人民法院出版社有限公司

订购单位（含详细地址）			
纳税人识别号		电子邮箱	
邮编	联系人	联系电话	
汇款单位（人）		汇款日期	

人民法院出版社工作总站联系人：
靖存锴　010-67550595/18601032892（微信同号）
王玺佳　010-67550536/18601031761（微信同号）
请填写完整后发传真至 010-67550541 或拍照发邮件至 fysgzzz@163.com。

中国审判指导丛书
——各级人民法院审判工作权威参考指导用书

《刑事审判参考》：最高人民法院刑事审判第一庭、第二庭、第三庭、第四庭、第五庭共同主办。自 2021 年起，丛书由人民法院出版社出版发行，作为《中国审判指导丛书》的重要组成部分。丛书自 1999 年 4 月创办以来，秉承立足实践、突出实用、重在指导、体现权威的编辑宗旨，在编辑委员会成员、作者和读者的共同努力下，密切联系刑事司法实践，为刑事司法人员提供了有针对性和权威性的业务指导和参考，受到刑事司法工作人员和刑事法律教学、研究人员的广泛欢迎。丛书主要收录指导案例、刑事司法规范及其理解与适用、刑事政策及其解读、理论前沿、实务探讨、编辑部答疑、经验交流、疑案争鸣等内容。2021 年，作者将对丛书的体例、栏目设置及相关内容等进行完善和提升，力求以全新的面貌将更权威、实用的内容展现给读者。全年 6 辑，每辑 68.00 元，共 408.00 元。

《民事审判指导与参考》：最高人民法院民事审判第一庭编。丛书收录最高人民法院关于民事审判工作的司法解释及其理解与适用、指导意见和最新政策精神及其解读、民事审判会议纪要、最高人民法院典型案例评析、示范性裁判文书、实务研讨、理论研究、各地方法院经验交流等内容，旨在传播最高人民法院和地方各级人民法院的优秀民事审判工作经验，对最新疑难经典案例进行探讨与解析，提供审判实践中解决疑难问题的思路，是最高人民法院民事审判第一庭履行对下指导职责的工作平台。全年 4 辑，每辑 68.00 元，共 272.00 元。

《商事审判指导》：最高人民法院民事审判第二庭编。丛书刊登最高人民法院关于商事审判工作的指导意见、司法解释及其理解与适用、典型案例评析文章、示范性裁判文书、地方实务调研成果、理论研究文章等。丛书对各级人民法院商事审判工作具有重要指导作用和参考价值。全年 2 辑，每辑 68.00 元，共 136.00 元。

《立案工作指导》：最高人民法院立案庭编。丛书主要收录有关立案的司法解释理解与适用、各级人民法院立案工作的实践经验、调研报告和案例评析等。丛书对各级人民法院立案工作具有重要指导作用和参考价值。全年 2 辑，每辑 68.00 元，共 136.00 元。

《审判监督指导》：最高人民法院审判监督庭编。丛书主要收录关于审判监督工作的司法解释及其理解与适用、最新的政策与精神及其解读、最高人民法院案例评注、典型案例、会议纪要、优秀裁判文书、业务交流等内容。另外，还设置了审监信箱，回应全国法院审判监督工作中的疑难问题。丛书对各级人民法院审判监督工作具有重要指导作用和参考价值。全年 2 辑，每辑 68.00 元，共 136.00 元。

《知识产权审判指导》：最高人民法院民事审判第三庭编。丛书主要内容包括知识产权审判政策与精神、司法解释理解与适用、调研报告和案例评析，以及反映知识产权审判动态的专题论述和优秀裁判文书等。丛书对各级人民法院知识产权审判工作具有重要指导作用和参考价值。全年 2 辑，每辑 68.00 元，共 136.00 元。

《涉外商事海事审判指导》：最高人民法院民事审判第四庭编。丛书收录当年出台的司法解释、司法指导性文件以及涉外商事案件相关问题的批复和案例评析，重点收录最高人民法院对高级人民法院有关国际商事仲裁裁决司法审查法律问题请示的复函，并附有高级人民法院的请示。丛书对各级人民法院涉外商事海事审判工作具有重要指导作用和参考价值。全年 2 辑，每辑 68.00 元，共 136.00 元。

《中国少年司法》：最高人民法院少年法庭工作办公室编。丛书设置了有关少年司法工作的政策与精神、法官论坛、改革与探索、理论与实务研究、典型案例、裁判文书以及规范性文件等栏目。丛书的出版，旨在切实加强对少年司法工作相关问题的研究、加强对全国少年法庭工作的指导、强化相关方面的调查研究和理论探讨。丛书对各级人民法院少年审判工作、相关政法部门少年司法执法工作和有关社会组织的未成年人权益保护工作，都有重要的指导作用。全年 4 辑，每辑 68.00 元，共 272.00 元。

《执行工作指导》：最高人民法院执行局编。丛书对我国目前执行工作中的重点、热点和难点问题，从不同角度进行理论研究和实践经验的提炼与总结；同时，丛书紧紧围绕最高人民法院执行工作大局，紧密结合执行工作理论与实践，为全国广大法官以及其他法律职业者提供及时、权威的执行工作业务指导和参考，对正确理解相关规定、统一执法标准和破解执行难问题具有重要指导作用。全年 4 辑，每辑 68.00 元，共 272.00 元。

《国家赔偿与司法救助办案指导》：最高人民法院赔偿委员会办公室编。编委会成员分别由全国人大法工委国家法室、最高人民法院赔偿委员会办公室、最高人民检察院刑事申诉检察厅、公安部法制局、司法部法制司、财政部条法司等部委工作人员组成，收录了国家赔偿与司法救助相关的政策、法律法规、司法解释及其理解与适用，有普遍指导意义的请示案件及其答复，重大新型疑难案例评析，国家赔偿理论与实务研究，国家赔偿工作调研报告，地方国家赔偿工作动态等内容，集中反映最高人民法院、最高人民检察院等单位对于国家赔偿工作重要政策、观点、理论研究和实践指导的意见，对国家赔偿与司法救助工作具有重要的指导作用和参考价值。全年 2 辑，每辑 68.00 元，共 136.00 元。